Josef Albert Amann, Josef Albert Amann

Zur mechanischen Behandlung der Versionen und Flexionen des

Uterus

Josef Albert Amann, Josef Albert Amann

Zur mechanischen Behandlung der Versionen und Flexionen des Uterus

ISBN/EAN: 9783743452367

Hergestellt in Europa, USA, Kanada, Australien, Japan

Cover: Foto ©ninafisch / pixelio.de

Manufactured and distributed by brebook publishing software
(www.brebook.com)

Josef Albert Amann, Josef Albert Amann

Zur mechanischen Behandlung der Versionen und Flexionen des

Uterus

ZUR

MECHANISCHEN BEHANDLUNG

DER

VERSIONEN UND FLEXIONEN

DES UTERUS

VON

Dr. J. AMANN,

PRIVATDOCENT DER GEBURTSHILFE UND FRAUENHEILKUNDE AN DER K. UNI-
VERSITÄT MÜNCHEN UND VORSTAND DER GYNÄKOLOGISCHEN POLIKLINIK.

ERLANGEN.

VERLAG VON FERDINAND ENKE.

1874.

ZUR

MECHANISCHEN BEHANDLUNG

DER

VERSIONEN UND FLEXIONEN

DES UTERUS

VON

Dr. J. AMANN,

PRIVATDOCENT DER GEBURTSHILFE UND FRAUENHEILKUNDE AN DER K. UNIVERSITÄT MÜNCHEN UND VORSTAND DER GYNÄKOLOGISCHEN POLIKLINIK.

ERLANGEN.

VERLAG VON FERDINAND ENKE.

1874.

Druck von Junge & Sohn in Erlangen.

Vorwort.

Mechanisch behandeln oder nicht, das ist die Frage, welche in allen Fällen ausgesprochener Versionen oder Flexionen des Uterus dem Praktiker sich aufdrängt, und in welcher sich in Deutschland wie in Frankreich und England seit Decennien die gynäkologischen Autoritäten sowohl in ärztlichen Gesellschaften als auch in Monographien und medizinischen Journalen gegenseitig bekämpfen.

Diese Thatsache wird wohl genügen, die Wichtigkeit der Therapie der oben genannten Lageabweichungen ausser Zweifel zu stellen und das Bestreben zu rechtfertigen, für dieselbe nach Maassgabe der gegebenen Mittel thätig zu sein.

In meiner Stellung als mehrjähriger Vorstand der gynäkologischen Klinik und Poliklinik und als vieljähriger Frauenarzt war ich in die günstige Lage versetzt, die Frage auf praktischem Wege zu prüfen, ob bei der Behandlung der Neigungen und Beugungen der Gebärmutter die exclusiv medicinische Behandlung zur Erreichung der anzustrebenden Heilerfolge zureichend oder aber, ob die mechanische intrauterine Behandlung für sich allein oder in Verbindung mit ersterer als geboten, beziehungsweise unabweisbar erscheine. —

Nachdem ich mehrere Jahre hindurch nahezu ausschliesslich die medizinische Behandlung in Anwendung gezogen und mich dabei überzeugt hatte, dass durch dieselbe gerade die wichtigsten Symptome der in Rede stehenden Lagedeviationen (heftige Uterinalkoliken, Kreuzschmerzen, Störungen in den Funktionen der Harnblase und des Mastdarms u. a. m.) sowie die als sicherer Folgezustand auftretende dauernde Unfruchtbarkeit, nicht beseitiget werden können, prüfte ich in den letzten Jahren die mechanische intrauterine Behandlung, indem ich durch vielfache Versuche erstens festzustellen suchte, ob mit den in letzterer Zeit als zweckmässig geschilderten Instrumenten überhaupt ein Erfolg zu erreichen sei und zweitens, welchen praktischen Werth die einzelnen Instrumente haben.

Meine Untersuchungen hierüber überzeugten mich davon, dass mit der mechanischen Behandlung sowohl bei selbstständiger Anwendung, als bei solcher im Vereine mit der medizinischen Behandlung, jedoch unter gewissen Voraussetzungen, insbesondere beim Gebrauche eines entsprechenden Instruments, die besten Erfolge zu erzielen seien.

Dieselben begründeten in mir die weitere Ueberzeugung, dass die in den letzten Jahren auffallend starke Zunahme der Anhänger der mechanischen Behandlung ebenso wie die Abnahme jener der ausschliesslich medizinischen ·eine in der Sache selbst sehr wohl begründete und desshalb keineswegs eine vorübergehende, sondern eine nachhaltige Erscheinung sei.

Wenn nun die vorliegende Arbeit dazu beiträgt, dass die bisherigen Gegner jeder mechanischen Behandlung sich herbeilassen, vorurtheilslos und in einer grösseren Anzahl von Fällen die mechanische Behandlung nach Maassgabe der in meiner Schrift gebotenen Anhaltspunkte zu prüfen und auf Grund praktischer Prüfungen ihr Parere abzugeben, so kann ich mich der sicheren Hoffnung hingeben, dass ich der Sache, für welche ich eingetreten bin, einen Dienst erwiesen habe.

München, den 8. Februar 1874.

Dr. Amann.

Geschichtliches.

Wenn auch eine ausführliche, den Gegenstand erschöpfende historische Forschung für den praktischen Zweck vorliegender Arbeit nicht nothwendig erscheint, so muss doch eine gedrängte Zusammenstellung der wesentlichsten geschichtlichen Angaben über die verschiedenen Arten der Behandlung der Versionen und Flexionen des Uterus von der Zeit ihrer Erkenntniss an bis auf die neueste, Zeit als unentbehrlich betrachtet werden.

Dr. Protheroe Smith *) gibt (in seinen Lectures of flexions, torsions and displacements of the uterus) an: man habe diese pathologischen Zustände bereits im 5. Jahrhunderte gekannt, allein nähere Kenntnisse darüber erst nach dem 11. Jahrhunderte erlangt. Von da an erweckten die Flexionen und Versionen des Uterus bei den deutschen, englischen und französischen Aerzten mehr Interesse; indess waren nicht nur genauere Erforschungen und Beobachtungen noch spärlich und wegen mangelhafter Diagnose unvollständig, sondern es erwiesen sich auch die hieraus gezogenen Folgerungen meist als unrichtig. Erst im Anfange unsers Jahrhunderts wurden die in Rede stehenden Dislocationen mehr und mehr erkannt und auch schon um diese Zeit die orthopädische Behandlung derselben von Osiander 1808 versucht. Er suchte mit seinem Dilatatorium den retrovertirten, nicht schwangeren Uterus in derselben Weise aufzurichten, wie wir es gegenwärtig mit der Uterussonde thun, indem er das wie eine Steinsonde gekrümmte Instrument so in das Uteruscavum einführte, dass dessen Concavität mit jener des flectirten Uterus zusammenfiel. Nach gelungener Einführung wurde

---

*) Man vergleiche auch die Dislocationen der Gebärmutter und der Mutterscheide (Schieflagen, Umbeugungen der Gebärmutter) von Dr. Ludwig Meissner I—III. Leipzig 1821—1822.

dann das Dilatatorium um seine Längsachse gedreht, so dass der Uterus nicht bloss aufgerichtet, sondern auch in seine normale Lage gebracht wurde. Die Resultate dieser Art mechanischer Behandlung waren indess nicht befriedigend, daher die Versuche nur auf wenige Fälle ausgedehnt wurden. So viel geht indess daraus mit Sicherheit hervor, dass schon zu der Zeit, in welcher man überhaupt von einer Behandlung genannter Lageanomalien sprechen konnte, die pharmazeutische für ungenügend galt und die mecha nische in Betracht kam. Von dieser Zeit an bis zur Stunde wurde die letztere zwar vielfach bekämpft, aber nicht mehr beseitiget; im Gegentheile, man sieht deren Nothwendigkeit in neuester Zeit mehr als je ein.

Ende der 20. Jahre (1827) wurde von Amussat mittels In trauterinpessarien mit biegsamen Stiel die orthopädische Behandlung wieder aufgenommen, jedoch nur auf eine geringe Zahl von Fällen ausgedehnt, da eine Kranke trotz vorsichtiger Behandlung an einer in Folge derselben aufgetretenen Peritonitis zu Grunde ging. Amussat, durch diesen Todesfall ängstlich gemacht, empfahl die grösste Vorsicht bei jeder derartigen mechanischen Behandlung und scheint diese nach den Angaben verschiedener Autoren nicht weiter verfolgt zu haben. Selbstverständlich liessen sich dann nur wenige Aerzte mehr auf die praktische Prüfung seines therapeutischen Verfahrens ein und kamen mit Rücksicht auf die bei derselben obwaltende Gefährlichkeit bald ganz davon ab. Von da an trat wieder ein Stillstand in der mechanischen Behandlung der mehrfach genannten Lageabweichungen ein, welcher an zwanzig Jahre dauerte. Indess wurde innerhalb dieser Zeit — also von ungefähr 1830 bis 1848 — das Studium der Gynäkologie in Deutschland wie in England und Frankreich überhaupt mit erhöhtem Eifer betrieben und insbesondere durch die pathologisch-anatomischen Untersuchungen sowie durch die als diagnostisches Hilfsmittel so werthvoll gewordene Einführung der Uterussonde in die gynäkologische Praxis, die Lehre über Pathogenese, Diagnose und pharmazeutische Therapie der Flexionen und Versionen des Uterus wesentlich gefördert.

Die misslungenen Anfänge der mechanischen Behandlung, wie sie durch Osiander 1808 und besonders durch Amussat 1827 gemacht worden waren, blieben indess nicht ohne Wirkung. Die zwei bedeutendsten Geburtshelfer und Gynäkologen der Neuzeit,

James Simpson in Edinburgh und Kiwisch in Würzburg haben gleichzeitig, aber unabhängig von einander, mit der mechanischen Behandlung der in Rede stehenden Uterusdislocationen Versuche gemacht und ihre Erfahrungen darüber, welche zu Gunsten der mechanischen Behandlung sprechen, 1848 veröffentlicht. Die Namen dieser Männer einerseits, die Art der Empfehlung andererseits erweckte bei der grossen Mehrzahl der mit Frauenkrankheiten beschäftigten Aerzte Vertrauen für die Sache, und von dieser Zeit an wurden die Versuche ungleich häufiger, denn früher und unter bestimmten Indicationen sowie mit einer gewissen Methode gemacht, so dass man sagen kann, dass erst von dieser Zeit her die rationelle mechanische Behandlung der Flexionen und Versionen des Uterus datirt. Allerdings waren auch damals die Erfolge, welche man durch die neue Art der Behandlung erzielte, noch sehr gering, aber immerhin genügend, um derselben eine Dauer für die Zukunft zu sichern. Simpson publizirte (vergl. Dublin. Journal, Mai 1848) drei verschiedene Instrumente — sie bestehen aus einem von russischem Kupfer gefertigten, hohlen, beiläufig 6 Ctm. langen geraden Stift, welcher allen drei Arten gemeinsam ist, wobei nur das untere Ende verschiedenartig gestaltet erscheint —, welche er in vielen Fällen erprobt hatte, und von denen das eine heute noch von vielen Aerzten angewendet wird. Dieselben wurden Wochen, Monate lang ohne besondere Störung und Reizung vertragen. Die von Scanzoni gemachten Erfahrungen bestätigten dies. Simpson's Instrumente waren aber auch so einfach, dass bei vorsichtiger Anwendung derselben, namentlich bei Auswahl von passenden Fällen den Kranken ein erheblicher Schaden nicht zugefügt werden konnte. Besonders viele Versuche mit einem der Simpson'schen Instrumente machte der Pariser Gynäkologe Valleix*), welcher später eine Modifikation desselben vornahm und es „Redresseur intrauterin" nannte. Er will innerhalb eines Zeitraumes von 5 Jahren über 100 Fälle mit demselben und zwar 90% mit entschiedenem Erfolge behandelt und dabei nie ernstliche Nachtheile von der mechanischen Behandlung beobachtet haben. Solche Resultate mussten bei den Gynäkologen von Fach überraschen und sie zur Prüfung dieser Art und Weise der Be-

---

*) Valleix (Leçons cliniques sur les deviations utérines.) Gaz. des hôpit. 1852—1854.

handlung anregen. Es wurden daher von mehreren Aerzten (B r o c a,
A r a n, N e l a t o n, G i b e r t und A.) Versuche mit der intrauterinen
Behandlung gemacht, welche einerseits durch Konstatiren mehrerer
Todesfälle die Gefährlichkeit, andererseits den geringen Erfolg der-
selben in vielen Fällen nachgewiesen haben.

Die Publikationen von V a l l e i x riefen Kritiken und Gegenkri-
tiken hervor, und dadurch erregte die Sache die Aufmerksamkeit
der Akademie der Medicin in Paris, welche für zweckdienlich fand,
eine Commission zur Prüfung des Werthes jener Kurmethode zu-
sammenzusetzen. Diese erklärte, dass die Anwendung der verschiedenen Intrauterinpessarien erfolglos, zugleich gefährlich und
daher ganz aus der Praxis zu verbannen sei.

Es ist wohl schwer zu entscheiden, ob V a l l e i x durch das
übertriebene Lob der Redresseure und deren unvorsichtigen, häufig
unmotivirten Gebrauch mehr gefehlt hat oder die von der Akademie zusammengesetzte Commission, welche die in einzelnen Fällen
durch die Redresseure verursachten, unglücklichen Erfolge dazu
benützte, die mechanische Intrauterin-Behandlung für so gefährlich
zu erklären, dass diese aus der medicinischen Praxis zu verbannen sei. —

Während in England und Frankreich S i m p s o n's Intrauterinpessarien in ursprünglicher oder modifizirter Form von mehreren
Gynäkologen versucht wurden, übten in Deutschland K i w i s c h und
andere Aerzte die mechanische Behandlung. K i w i s c h wendete
zuerst eine bügelförmig gekrümmte Sonde an, welche durch einen
Beckengürtel befestigt wurde; indess wurde dieser Apparat nach
seinen eigenen Erfahrungen bei regelwidrigen Verbindungen des
Uterus oft auch, ohne dass solche vorhanden waren, nur kurze
Zeit oder überhaupt nicht vertragen. (K i w i s c h, Beiträge II.
Würzburg 1848 und klinische Vorträge I. Abth. 1851.) K i w i s c h
konstruirte daher bald einen anderen Apparat, eine federnde Sonde,
welche nach seinen Erfahrungen viel länger und besser vertragen
und von den Kranken entfernt und nach Umständen wieder eingeführt werden konnte.

Obwohl K i w i s c h immer noch die Grenzen der Anwendung
desselben weit ausdehnte, dessen Werth überschätzte, die Gefährlichkeit desselben nicht kannte, so wurde er doch vorsichtiger und
gab zu, dass auch dieses Instrument nicht für alle Fälle zu benützen sei. C a r l M a y e r und Andere, welche Versuche mit die-

sem Instrumente machten, fanden dasselbe zwar für einige Fälle nützlich, aber nicht ungefährlich. Nicht nur heftige Schmerzen und Blutungen, sondern auch Metritis und Metroperitonitis mit tödtlichem Ausgange traten in mehreren Fällen nach der Anwendung der federnden Sonde ein.

Nach Kiwisch konstruirte Detschy 1857 ein neues Instrument, Hysteromochlion genannt, welches auch Lumpe für brauchbar erklärte.

Die Mängel, welche den Instrumenten von Kiwisch und Detschy anklebten, bewirkten wie in Frankreich auch in Deutschland, dass sich mehrere hervorragende Gynäkologen nach mehrfachen ungünstig ausgefallenen Versuchen gegen die mechanische Behandlung aussprachen. Scanzoni, Lehmann und Hohl verwarfen nicht nur die Redresseure, sondern auch, namentlich die beiden letzteren sogar die Uterussonde als nutzlose und gefährliche Instrumente. Bei der späteren Besprechung des Werthes der Intrauterinpessarien im Allgemeinen und deren nothwendigen Eigenschaften werden die von diesen Gegnern gemachten Einwürfe noch ausführlich besprochen werden. Die Erfahrungen C. Braun's, welcher statt Metallstifte — Gummistifte und Seyfert's, welcher lediglich die Uterussonde zur Aufrichtung des geknickten Organs benutzte, waren der mechanischen Behandlung wieder günstig. Die häufigste Anwendung sowie die wärmste Fürsprache fand aber die mechanische Behandlung der in Rede stehenden Uterusdeviationen unter den deutschen Aerzten bei Ed. Martin in Berlin. (Die Neigungen und Beugungen der Gebärmutter nach vorn und hintenvon Dr. Eduard Martin, Hirschwald, Berlin 1870). Dieser berühmte Gynäkologe hatte bei einem Beobachtungsmateriale von mehr als Tausend Fällen von Versionen und Flexionen wohl die beste Gelegenheit, den Werth der verschiedenen Arten der mechanischen Behandlung zu studiren. Er war im Stande, Versuche im Grossen anzustellen und die einzelnen Methoden und Regulatoren einer ernsten Prüfung zu unterziehen. Martin's Untersuchungen sind wohl die ausgedehntesten, die je über mechanische Behandlung der erwähnten Lageabweichungen des Uterus gemacht worden sind, und wird seine Monographie nicht nur zu neuen Versuchen anregen, sondern dieselben in hohem Grade erleichtern, da er durch vollkommen genügende Experimente das Material bezüglich der mechanischen Behandlung gesichtet hat.

Wenn die günstigen Resultate, welche er durch seine Art der mechanischen Behandlung erzielt hat, von Scanzoni, Credé, Spiegelberg, Hüter (vergl. die Flexionen des Uterus von Hüter, Leipzig, Vogel 1870) und anderen Gegnern der mechanischen Behandlung angezweifelt wurden, so wurden sie nicht auf Grund ausgedehnter Experimente widerlegt. —

Von deutschen hervorragenden Gynäkologen sind es ausserdem noch Veit, Hildebrandt, Braun, Olshausen, Schröder, Beigel und besonders Winckel, welche zu Gunsten der Intrauterinpessarien plaidiren. Letzterer hat seinen Standpunkt in einer vortrefflich geschriebenen Monographie erläutert *). In Russland hat namentlich v. Haartmann (Petersburger med. Zeitschrift Bd. V 1863) günstig ausgefallene Versuche mit der orthopädischen Behandlung der Flexionen und Versionen des Uterus gemacht.

In America sind Marion Sims und Hodge entschiedene Vertreter der mechanischen Behandlung. Sims schreibt in seinem bekannten Werke (Klinik der Gebärmutter-Chirurgie, deutsch herausgegeben von Dr. H. Beigel — Erlangen 1866) pag. 205· — „Trotz alledem aber befürworte ich die Pessarien und brauche sie in der einen oder anderen Form täglich. Wollte ich sie nicht in Anwendung ziehen, dann müsste ich eine grosse Anzahl von Krankheitsfällen von mir weisen, ohne für deren Heilung etwas thun zu können." In England ist Graily Hewitt ebenfalls entschieden für die mechanische Behandlung (vergl. sein Lehrbuch der Frauenkrankheiten, deutsch herausgegeben von H. Beigel, Erlangen, Enke 1869, pag. 405). Ausserdem ist Priestley, einer der ersten Frauenärzte Londons, entschiedener Anhänger der mechanischen Behandlung, desgleichen Braxton Hicks, ·Woodman und Greenhalgh, während eine noch grössere Anzahl (West, Bennet, Barnes, Tilt, Meadows u. a.) als Gegner derselben auftreten.

Ausser der regen Betheiligung der einzelnen Fachmänner an dem stets wiederkehrenden Streite zeigten in Deutschland wie in Frankreich und England grössere ärztliche Gesellschaften ein lebhaftes Interesse. Wie oben erwähnt beschäftigte sich 1854 die Academie der Medicin in Paris mit der Frage und erklärte die mechanische intrauterine Behandlung der Versionen und Flexionen

---

*) Die Behandlung der Flexionen des Uterus mit intrauterinen Elevatoren von Winckel, Berlin 1872, Hirschwald.

des Uterus für nutzlos und gefährlich. Zwei Jahre später wurde
die Sache in der Section für Gynäkologie und Geburtshülfe der
Naturforscherversammlung in Wien besprochen und die Entschei-
dung fiel noch ungünstiger für die mechanische interne Behandlung aus als in Paris. Die grosse Mehrzahl der Anwesenden,
Scanzoni an der Spitze, brachen über dieselbe vollständig den
Stab und erklärten sie für vollkommen nutzlos und gefährlich. Von
derselben Gesellschaft wurde 1868 in Dresden die in Rede stehende
Heilmethode wieder verurtheilt, wenn auch nicht so kategorisch
und mit so eminenter Majorität. In der Naturforscherversammlung
zu Leipzig 1872 endlich (vergl. Deutsche Klinik 1872, Nro. 47
u. 50) wurde das beliebte Thema in zwei Sitzungen besprochen
und zwar eingehender als früher. Dieses Mal war von einer ab-
soluten Verurtheilung des vielfach genannten Verfahrens nicht die
Rede, da hiefür nur wenige der an wesenden Aerzte stimmen konnten. Der grössere Theil entschied sich für mechanische Behandlung unter bestimmten Bedingungen. Zu diesen gehören Schröder, Cohnstein, Beigel (in Wien), zum Theil auch Schultze;
während Credé, Hennig und Beucke (Marburg) gegen dieselbe
sich aussprachen.

In England kam 1868 die Frage der mechanischen Behandlung in der Londoner geburtshülflichen Gesellschaft zur Sprache
und hielten sich Anhänger und Gegner der Methode so ziemlich
die Waage.

Diese kurzen historischen Angaben dürften genügen für unsere späteren Auseinandersetzungen über den Werth der mechanischen Behandlung der Flexionen und Versionen des Uterus, bei
welchen dann Gelegenheit gegeben ist, auf einzelne genauer ein-
zugehen.

Werth der mechanischen Behandlung.

Zur Feststellung des Werthes der mechanischen Behandlung
der Flexionen und Versionen des Uterus ist es nothwendig, die
Bedeutung dieser Leiden hervorzuheben. Es dürfte wohl über keinen Gegenstand der Gynäkologie in den letzten Jahrzehnten, besonders aber in den letzten zehn Jahren von berühmten Fachmän-

nern mehr gesprochen und geschrieben worden sein, als über die mechanische Behandlung der erwähnten Lagedeviationen. Darin liegt wohl der sicherste Beweis für die Anerkennung der Bedeutung dieser letzteren. Vollgültig wird aber unser Beweis, wenn wir eine Schilderung der hervorragendsten Symptome geben, welche bei den fraglichen Lageabweichungen in der Regel vorkommen. — Was nun die Flexionen anlangt, so können dieselben in leichteren Graden, oder wenn der Uterus nicht wesentlich vergrössert ist, endlich wenn das Leiden noch jung ist, ohne irgendwelche Beschwerde bestehen. Besonders sind es die angebornen Flexionen, welche vor dem Eintritte der Pubertät keine und nach dem Eintritte derselben wegen mangelhafter Entwicklung des Organs in der Regel nur geringe Beschwerden hervorrufen. Indess treten in den meisten Fällen von erworbenen Flexionen früher oder später Texturerkrankungen auf, wenn dieselben nicht schon vor Entstehung dieser Lageabweichung vorhanden waren, wie dies häufig der Fall ist. Hieher gehören: Chronische Metritis und Endometritis mit krankhaft gesteigerter Empfindlichkeit des Organs; Kreuzschmerzen, welche bisweilen auf die Lumbal- und Inguinalgegenden ausstrahlen, bei Anteflexion durch Zerrung der Lig. sacro- et recto-uterina und bei Retroflexion Schmerzen in der Unterbauchgegend in Folge von dauernder Zerrung der lig. vesico-uterina. Ein lästiges Gefühl von Schwere und Drängen nach abwärts, besonders durch beträchtliche Senkung der hinteren Scheidenwand bei Beugungen und Neigungen nach rückwärts; schmerzhafter Druck auf Mastdarm und Kreuzbein mit hartnäckiger Obstipation, Blähungsbeschwerden, anhaltenden Kreuzschmerzen, Schmerzen bei der Defäcation belästigen die Kranken gewöhnlich am meisten. Der retroflectirte und retrovertirte Druck des chronisch infarcirten Uterus auf die Nervengeflechte der hinteren, inneren Beckenwand bewirkt bisweilen paretische Zustände in den unteren Extremitäten, so dass die Kranken nicht weit gehen und namentlich nicht länger stehen können; ja ich kenne mehrere Fälle, bei welchen die Schwäche in den unteren Extremitäten so gross war, dass die damit behafteten Frauen Monate lang das Bett oder Sopha nicht verlassen konnten. Von wesentlicher Bedeutung sind ferner die Störungen in den Funktionen der Harnblase, welche in leichterem Grade sehr häufig vorkommen. Sowohl bei Ante- als auch bei Retroflexionen und Versionen, vorzugsweise aber bei ersteren stellt sich anfangs ein mässiger, bei längerer Dauer des Uebels an Intensität bedeutend wachsender, sich häufig wiederholender, schmerzhafter Harndrang ein, wobei nur geringe Mengen Urins entleert werden. Druck des anteflectirten Uterus auf die hintere Blasenwand und dadurch behinderte Anfüllung der Urocystis sowie die kontinuirliche Reizung des Detrusor vesicae urinariae zu abnorm häufig wiederkehrenden Contractionen sind die gewöhnlichen Ursachen der bedeutenderen Störungen der Harnblase bei den Anteflexionen. Die bei Retroflexionen ab und zu vorkommenden gleichen Erscheinungen werden durch Zerrung und bisweilen auch durch Compression des Blasenhalses bewirkt. In seltenen Fällen beobachtet man als unmittelbare oder mittelbare Folgen der in Rede stehenden Lageabweichungen der Gebärmutter Incontinentia urinae, bisweilen Ischuria in Folge von Lähmung des Sphincter, beziehungsweise des Detrusor. —

Wie die oben besprochenen Schmerzen im Kreuze und in der Unterbauchgegend, so werden auch die verschiedenen eben geschilderten Störungen und Beschwerden bei den Functionen des Mastdarms und der Harnblase um die Zeit der jedesmaligen menstrualen Congestion und bei stärkeren mechanischen Bewegungen, namentlich bei Anstrengungen der Bauchpresse wesentlich vergrössert, oder treten nur zur Zeit der Menstruation auf.

Es kommt öfters vor, dass in Folge von wiederholt auftretenden Perimetritiden, (wobei die gesetzten Exsudatmassen während ihrer Umwandlung in Bindegewebe schrumpfen und sich verkürzen), der Uterus durch bandartige Adhäsionen mit den Beckenwandungen oder mit den benachbarten Organen fest verbunden und dadurch in seiner Beweglichkeit mehr oder minder beschränkt wird. Gleichviel ob diese regelwidrigen Anlöthungen vor dem Zustandekommen der Flexionen oder, was häufiger der Fall, nach längerem Bestande derselben eingetreten sind, bewirken sie doch fortwährende Zerrung, stets mehr minder erhebliche Beschwerden und Schmerzen. Ferner finden wir beinahe bei allen höheren Graden von Flexionen Störungen der Menstruation. Die menstrualen Blutungen werden stärker und kehren in der Regel häufiger wieder, dem austretenden flüssigen Blute sind grössere oder kleinere Blutgerinnsel beigemengt. Gewöhnlich gehen dem Eintritte der Menstruation Schmerzen in hypogastrio und am Kreuze voraus, welche einen wehenartigen Character haben und meistens in den ersten zwei Tagen der Periode anhalten. Häufig genug aber wird die menstruale Blutung,

welche im ersten und zweiten Tage unbehindert und schmerzlos vor
sich ging, am 3. unterbrochen, wodurch die heftigsten Uterinalkoliken häufig mit Erbrechen, selbst nervösen Anfällen auftreten, bis
der wieder erfolgte Abgang kleiner, mehr fester Bluteoagula die
dysmenorrhoischen Erscheinungen beseitiget. Unter diesen Verhältnissen sind die Frauen in der Regel gezwungen, ein paar Tage
im Bette zuzubringen. —

Wie bei anderen Krankheiten des Uterus, namentlich bei chronischer Metritis und Endometritis, bei Descensus so kommen
bei ausgesprochenen Flexionen und Versionen des Organs namentlich bei längerem Bestehen derselben, bei mehr als 60% Innervationsstörungen der verschiedensten Art, von einer leichten, allgemeinen Hyperästhesie bis zu den heftigsten hysterischen und kataleptischen
Anfällen vor. Gemeinhin bedingen die Retroflexionen und
Retroversionen des Uterus häufiger Innervationsstörungen, weil sie
auch intensivere Krankheitserscheinungen hervorrufen als die Lageabweichungen der Gebärmutter nach vorne. Wie die Geschlechtsleiden im Allgemeinen, so geben die Beugungen und Neigungen
des Uterus im Besonderen bisweilen die Veranlassung zur Entstehung von Psychosen.

Höhere Grade der fraglichen Lageabweichungen sind eine sichere Ursache bleibender Sterilität; die Flexionen durch
mechanische Verhinderung des Eindringens der Sperma über die
Knickungsstelle in den Uterus, die Versionen durch die excentrische
Stellung der Vaginalportion, so dass die befruchtenden Elemente
nicht in das Orificium uteri externum gelangen können. —

Für unsere Zwecke dürfte die Anführung der vorstehenden
wesentlichsten Symptome in gedrängter Kürze genügen. Wenn wir
von den leichteren Graden der oft genannten Lageabweichungen
absehen, also jene Fälle unberücksichtigt lassen, bei welchen eine
ärztliche Hülfe nicht verlangt wird, oder die Beschwerden gering
sind, so bleiben noch immer genug Fälle mit wichtigen Symptomen
übrig. Oder kann es einer Frau gleichgültig sein, dass sie fort-
während unter einem Gefühle von Völle und Schwere im Leibe
mit schmerzhaftem Drucke auf das Kreuzbein, mit hochgradigem
Schwächezustande der unteren Extremitäten leide?

Werden solche Kranke nicht häufig genug durch Funktionsstörungen des Mastdarms und der Harnblase, durch die Störungen
der Menstruation, die periodisch auftretenden Menorrhagien und

Koliken in ihrer Berufsthätigkeit gestört und dadurch anhaltend deprimirt? Wie viele Frauen werden sich selbst und den Ihrigen zur Last durch die Erscheinungen der Hysterie, welche durch die längere Dauer der oft beregten Lageabweichungen entstanden, nicht vor der Beseitigung derselben schwinden! Endlich müssen wir bedenken, dass der durch die Neigungen und Beugungen bewirkte Zustand der Sterilität das eheliche Glück vielfach stört und häufig genug die einzige Klage von sonst glücklichen Eheleuten bildet. Diese Momente machen es fast überflüssig, Scanzoni's*) Ansicht über den möglichen Verlauf unserer Krankheitsformen hervorzuheben: „Bleibt die Kranke ihrem Schicksal überlassen, so entwickelt sich allmählich ein vorzeitiger Marasmus, der ihr alle Lebensfreude raubt, und selbst lebensgefährliche Leiden wichtigerer innerer Organe, unter welchen wir vorzüglich die Lungentuberkulose hervorheben, zur Folge haben kann." Indess spricht Scanzoni auf derselben Seite, in welcher er die Flexionen unter Umständen als von lebensgefährlichen Leiden wichtiger innerer Organe hinstellt, von der häufigen Ueberschätzung derselben und ihres Einflusses auf den Gesammtorganismus und auf die Sexualsphäre. Dieser Autor hält die Knickung der Gebärmutter nur dann für ein Leiden von grösserer Bedeutung, wenn sich zu ihr irgend eine andere Texturerkrankung hinzugesellt. Es lassen sich diese beiden scheinbar divergirenden Anschauungen über ein und dasselbe Leiden wohl leicht erklären, da ja die Flexionen des Uterus, welche zur ärztlichen Behandlung kommen, nur in den allerseltensten Fällen ohne Texturerkrankung des Uterus vorgefunden werden. Scanzoni sagt pag. 105, dass die Gebärmutterknickungen mit der Zeit fast nothwendig Structurveränderungen im Uterus zur Folge haben müssen, und erläutert seine Behauptung, indem er der Knickung eine Erschlaffung des Gewebes, wenigstens in der Gegend des inneren Muttermundes, zu Grunde legt. Diese Erschlaffung dehnt sich nach seiner Annahme auf die die Uteruswandung vorzüglich bildende Muskelschichte und die in derselben verlaufenden Gefässwandungen aus, welche dann ihre physiologische Resistenz verlieren, zum grossen Theile abnorm ausgedehnt und erweitert werden sollen. Dadurch kommt es dann

---

*) Lehrb. der Krankheiten der weiblichen Sexualorgane von Prof. Dr. von Scanzoni, Wien; Braunmüller 1867, 4. Auflage, pag. 101.

nach Scanzoni's Dafürhalten zu einer ungleichmässigen Blutvertheilung und zu einer mehr oder weniger ausgedehnten chronischen Blutstase im Parenchym wie in der Mucosa des Uterus, als deren natürliche Folge eine chronische Metritis und Endometritis sich entwickelt. Scanzoni hat sich übrigens durch vielfache Erfahrungen auch davon überzeugt, dass „nicht selten" die Texturerkrankung das primäre, die Knickung das secundäre Leiden darstellt. In diesen Fällen haben wir es dann in der Regel mit einer schon längere Zeit bestehenden chronischen Metritis oder mit mangelhafter Rückbildung (bei vernachlässigtem Puerperium zu thun. Nach dieser kurzen Auseinandersetzung hat wohl die Behauptung Scanzoni's, dass die Knickungen des Uterus nur in Verbindung mit Texturerkrankungen des Organs eine grössere Bedeutung erlangen, keinen besonderen Werth mehr, da ja das von Scanzoni für die grössere Bedeutung einer Knickung verlangte Desiderat beinahe immer vorhanden ist. Wir müssen demnach, Alles zusammengenommen gemeinhin die Flexionen und die mit denselben bezüglich der Erscheinungen sich ähnlich verhaltenden Versionen des Uterus als sehr wichtige Lageanomalien betrachten. Es unterliegt allerdings keinem Zweifel, dass der grössere Theil der leichteren in Rede stehenden Lageabweichungen den Kranken keine besonderen Beschwerden macht, so dass dieselben keine Veranlassung haben, ärztliche Hülfe zu suchen oder mit ihrem Leiden besonders unzufrieden zu sein; ferner gibt es auch einzelne hochgradige Lageabweichungen nach vorne oder rückwärts, namentlich angeborne, wobei weder eine besondere Texturveränderung vorhanden ist, noch die Kranken stärkere Beschwerden haben. Auch in diesen Fällen nehmen die Kranken nur selten Veranlassung, sich ärztlichen Rath zu holen, es müsste denn sein, dass die durch die Lageanomalie bedingte Conceptionsunfähigkeit sie hiezu zwingt. In dem letzten Falle hat aber dann die Lageabweichung eine gewiss nicht gering anzuschlagende Bedeutung. Aber die meisten Fälle von Flexionen und Versionen, in welchen der Arzt zu Rathe gezogen wird, stellen Leiden von höherem Grade und längerem Bestande dar, so dass bei denselben die eben geschilderten Symptome in grösserer oder geringerer Anzahl vorhanden sind. Die Kranken wenden sich bei Geschlechtsleiden in der Regel erst dann an einen Arzt, wenn ihnen das Leiden nahezu unerträglich wird. —

Unter solchen Verhältnissen ist wohl eine erfolgreiche Behandlung der Flexionen und Versionen von der allergrössten Bedeutung und handelt es sich daher nur darum, in welcher Weise wir dieselbe am sichersten ausführen können.

Wie ein flüchtiger Rückblick auf die Geschichte der Behandlung der Flexionen und Versionen des Uterus ergibt, war man über die Art derselben seit der Zeit, in welcher diese Leiden genauer erkannt wurden, stets verschiedener Ansicht. Und auch heute noch stehen sich zwei nahezu gleich starke Partheien in Deutschland, Frankreich und England bezüglich der Behandlung der oft genannten Lageabweichungen gegenüber. In Deutschland hält die eine Partei, welche durch Credé, Freund, Hüter, Scanzoni, Spiegelberg u. A. vertreten wird, die diätetische und pharmazeutische Behandlung allein für genügend und zulässig, indem sie in derselben die Mittel zu besitzen glaubt, die die Neigungen und Beugungen begleitenden Texturerkrankungen der Gebärmutter einerseits und andererseits die im übrigen Organismus auftretenden Folgezustände beseitigen zu können. Die Behebung der fraglichen Lage- und Formveränderung wird dabei für unzulässig erklärt. Die andere Partei, als deren vorzüglichste Vertreter Braun, Hildebrandt, Martin, Winckel, Schröder, Beigel u. A. gelten, hält diese Art der Behandlung für ungenügend und verbindet mit derselben die mechanische und orthopädische, welche darin besteht, den in seiner Lage und Form veränderten Uterus durch die Anwendung mechanischer Mittel zur Norm zurückzuführen.

So dauert nun der Streit über den Werth der eben festgestellten Behandlungsweisen von den dreissiger Jahren bis heute fort und wurde in den letzten Jahren besonders lebhaft geführt. Die Vertheidiger der mechanischen Behandlung, welche sich bis auf die letzten Jahre bedeutend in der Minderheit befunden haben, sind in der letzteren Zeit in stets wachsender Zahl aufgetreten, so dass sie gegenwärtig numerisch eher stärker als schwächer denn ihre Gegner sein dürften. Es muss den unbefangenen Kritiker in der That überraschen, wie in einer so praktischen Frage, in welcher Tausende von Experimenten gemacht werden können und gemacht worden sind, bisher eine Einigung nicht erzielt wurde. Es sind doch nicht bloss die pathologisch-anatomischen, sondern auch die klinischen Verhältnisse der in Rede stehenden Lageabweichungen so erforscht worden, dass wohl wenig Neues mehr über dieselben wird entdeckt werden können. Gibt es denn keinen Erklärungsgrund für das Fortbestehen so schroff gegenüberstehender Anschauungen in einer so eminent praktischen Frage?

In der That möchte man unter den obwaltenden Verhältnissen zu der Annahme gedrängt werden, dass von beiden Seiten die Sache mit einer gewissen Animosität oder wenigstens mit mangelhafter Geduld behandelt werde, so dass nicht jene grosse Ausdauer und vorurtheilsfreie Ruhe in der Beobachtung und dem Studium der einschlägigen Fälle vorhanden ist, durch welche allein entscheidende Resultate erreicht werden können. Ferner gehört ein grosses Material und eine Prüfung, welche einen Zeitraum von mehreren Jahren umfasst, dazu, um über die bei diesen therapeutischen Untersuchungen in Betracht kommenden Momente zu entscheiden. Der Umstand, dass durch die in den letzten zehn Jahren gemachten Beobachtungen und Experimente viele Verhältnisse aufgeklärt und dadurch das Untersuchungsfeld mehr präcisirt und begrenzt wurde, berechtiget zu der sicheren Hoffnung, dass die Therapie von nun an raschere Fortschritte machen werde.

In Folgendem will ich nun die Gründe angeben, welche mich bestimmen, die mechanische Behandlung der Neigungen und Beugungen des Uterus nach vorne und rückwärts neben der medicamentösen Behandlung gemeinhin als — vollkommen zweckentsprechend und unentbehrlich zu erachten. —

Die mechanische oder orthopädische Behandlung ist vollkommen zweckentsprechend, weil nur sie entweder für sich allein oder in Verbindung mit der pharmazeutischen alle Bedingungen zur möglichen gefahrlosen Beseitigung der mehrerwähnten Lagedeviationen und deren Folgezustände des Uterus in sich fasst. Dieselbe ist nicht nur nothwendig, sondern auch ungefährlich und erfolgreich.

Was nun die Nothwendigkeit anlangt, so ergibt sich dieselbe aus dem Nachweise der Insufficienz der medicinischen Behandlung bei ausgesprochenen Versionen und Flexionen.

Scanzoni, einer der ältesten und hervorragendsten Bekämpfer der mechanischen Behandlung gesteht (in seinem Lehrbuch der Gynäkologie 1867) unumwunden ein, dass er nie eine Gebärmutterkniekung geheilt habe. Ueberhaupt verzichten die Anhänger der ausschliesslich medicinischen Behandlung auf die Beseitigung der in Rede stehenden Lageabweichungen und beschränken sich lediglich auf die Bekämpfung der dieselben begleitenden

Texturerkrankungen des Uterus und der im übrigen Organismus
auftretenden Folgezustände derselben.

Wir wollen nun untersuchen, was mit der medicinischen Behandlung zu erreichen ist, und ob insbesondere durch dieselbe alle
jene Symptome beseitigt werden können, welche für die Kranke
schmerzhaft und unangenehm sind.

Es gibt eine grosse Anzahl von leichtgradigen Neigungen und
Beugungen des Uterus — namentlich nach vorwärts —, welche nur
unbedeutende Symptome hervorrufen als: congestive Anschwellung
des Uterus und dadurch bedingte leichtere Beschwerden beim Uriniren und beim Stuhle, das Bedürfniss öfters Urin zu lassen, mehr
mindergrosse Schmerzen im Kreuze, in hypogastrio, Schwere und
Druck nach vorne, chronische Endometritis und Vaginitis, bisweilen
dysmenorrhoische Erscheinungen und Menorrhagien, endlich leichte
Grade von allgemeiner Hyperaesthesie. In den meisten dieser
Fälle genügt die medicinische und symptomatische Behandlung vollkommen. Allerdings muss dabei hervorgehoben werden, dass die
Behandlung der Uterus- und Vaginalblenorrhoe durch in Adstrin-
gentia getauchte Tampons und durch Aetzungen der Uterushöhle
mit Lapis infern. und endlich die Anwendung der Ceinture hypogastrique — letzteres Mittel zählt eigentlich zu den mechanischen —
die leichte Lageabweichung vermindert und unter Umständen ganz
aufhebt. Von diesen Fällen sehen wir ab, sie machen eine mechanische Behandlung nicht nothwendig, und werden dieselben daher
von den Anhängern der mechanischen Behandlung in derselben
Weise behandelt wie von den Gegnern derselben. Betrachten wir
aber die Resultate der exclusiven medicinischen Therapie in der
weitaus grösseren Anzahl der Fälle, welche in ärztliche Behandlung kommen, bei den Vor- und Rückwärtsneigungen und Beugungen höherer Grade, also in jenen Fällen, in
welchen die Lagedeviation heftige Menorrhagien und Metrorrhagien, menstruale Uterinalkoliken, Texturerkrankungen, lästiges,
schmerzhaftes Ziehen, mehr minder intensiven Harndrang, Druck
nach vorne (namentlich bei Anstrengungen der Bauchpresse, beim
Gehen, starken Niesen, Husten, Stuhlentleerung, Heben einer Last),
hysterische Erscheinungen, Sterilität u. A. m. hervorruft, so finden
wir dieselben für die Kranke nicht befriedigend. Wenn auch ohne
mechanische Behandlung eine Besserung in der gestörten Blutcir-
culation des Uterus und dadurch eine geminderte menstruale Blutung

sowie eine Minderung der Beschwerden beim Harnlassen, endlich unter Umständen eine Besserung, bisweilen sogar die Beseitigung der Texturerkrankung erreicht werden kann und erfahrungsgemäss erreicht wird, so bleiben immer noch höchst wichtige Symptome übrig, welche nur durch orthopädische Behandlung behoben werden können. Es sind dies die Uterinalkoliken, ferner die hysterischen Erscheinungen, welche in den meisten Fällen lediglich durch die Lageabweichungen bedingt sind, und endlich die Sterilität.

Die Uterinalkoliken können nur durch Berücksichtigung der Indicatio causalis beseitigt werden, d. h. es muss die bei stärkeren Flexionen durch die oft nahezu rechtwinklige Abbiegung erfolgte Verengung des Canals durch Rectification des Uterus aufgehoben werden, so dass das Menstrualblut stets ungehinderten Abfluss findet, wodurch die Uterinalkoliken eo ipso verschwinden.

Die hysterischen Erscheinungen verschiedenster Art werden in den meisten Fällen nur dann beseitigt, wenn die Version oder Flexion geheilt ist, was aber nach den Eingeständnissen unserer Gegner ohne mechanische Behandlung nicht möglich ist. Geradeso verhält es sich mit der durch Versio oder Flexio uteri bewirkten Sterilität. Diese ist ebenfalls durch die ausserordentliche Enge am inneren Muttermunde hervorgerufen, welche sich durch erfolgreiche, bleibende Geradestellung des Organs, aber nur durch diese, sicher heben lässt. Der beschäftigte Gynäkologe wird häufig von Jahre lang verheiratheten, mit hochgradigen Flexionen behafteten Frauen, welche kinderlos sind und denen unendlich viel an Nachkommenschaft liegt, ausschliesslich dieses Umstandes wegen consultirt und aufgefordert, nach Möglichkeit das Hinderniss der Conception zu beseitigen.

Mit Lageabweichungen behaftete Frauen (namentlich sterile), denen die Unheilbarkeit ihres Leidens aus den directen Aeusserungen des Arztes oder aus dessen lange Zeit andauernder erfolglosen Behandlung klar wird, glauben ihre Lebenszwecke verfehlt zu haben und fühlen sich immer mehr unglücklich, so dass sie später in einen hochgradigen und habituellen Zustand der Depression verfallen, welcher in wirkliche Melancholie ausarten kann. Solche häufige Vorkommnisse sind vollkommen geeignet, bei Insufficienz der medicinischen Behandlung die mechanische zu rechtfertigen und als nothwendig erscheinen zu lassen.

Schliesslich muss noch hervorgehoben werden, dass viele Geg-

ner der mechanischen Behandlung dieselbe wenigstens für eine
grosse Zahl von Fällen anerkennen. Selbst Spiegelberg*),
einer der eifrigsten Gegner der mechanischen Intrauterinbehandlung
schreibt: „Wohl gibt es Fälle, in denen die Erscheinungen des
Druckes im Becken, die Dysmenorrhoe, die Sterilität rein mechanisch bedingt sind; häufig genug kommt es auch vor, dass die De-
viation die Beseitigung der Schwellungen und entzündlichen Zustände hindert oder nach deren temporärem Verschwinden zu Reci-
diven derselben führt." Jedem beschäftigten Gynäkologen werden
Fälle von Flexionen bekannt sein, in welchen die Kranken schon
durch das einfache Aufrichten des flectirten Uterus mittels der Gebärmuttersonde zum Zwecke der Diagnose eine vorübergehende
Erleichterung ihrer Beschwerden empfunden haben, so dass dieselben das diagnostische Hülfsmittel als therapeutisches in
Anwendung gebracht wünschten. Seitdem ich nun mein Intrauterinpessarium anwende, kam es mir mehrmals vor, dass die
mit demselben behandelten Frauen eine so wohlthätige Wirkung
von demselben verspürt hatten, dass sie sich nicht einmal eine Entfernung desselben auf wenige Tage gefallen lassen wollten. Auch
Martin, Winckel u. A. machten gleiche Erfahrungen bei mechanischer Behandlung. Wenn es also nicht so selten ist, dass
manche Kranke sich so gut auf die Anwendung eines Mittels fühlen,
dass sie es selbst verlangen, so kann dasselbe unmöglich gemeinhin gefährlich und erfolglos sein, wie es die Gegner der mechanischen Behandlung behaupten.

Ueber die Gefährlichkeit und Erfolglosigkeit der mechanischen Behandlung ist schon soviel geschrieben worden, dass
es schwer fällt, sich kurz zu fassen. Was nun die Gefährlichkeit anlangt, so lässt sich diese meines Erachtens schwieriger beweisen als abweisen. Es sind in der Literatur eine grosse Anzahl
von Fällen verzeichnet, in welchen durch die Anwendung der verschiedensten Knickungsinstrumente bedenkliche örtliche Affectionen
sogar mit tödtlichem Ausgange hervorgerufen wurden. So beobachtete Sims**) in Folge der Anwendung des Simpson'schen

---

*) Sammlung klinischer Vorträge Nr. 24, pag 205; Ueber intrauterine
  Behandlung von O. Spiegelberg. Leipzig 1871 (Breitkopf u.
  Härtel.)
**) Dr. J. Marion Sims's Klinik der Gebärmutter-Chirurgie. Deutsch

Intrauterinstabes Metroperitonitis und des H o d g e's offenen Hebelpessarium Löcher in der vorderen Vaginalwand fast bis in die Harnblase hineinreichend. M e i g's Ringpessarium bewirkte nach mehr-
monatlichem Liegen in einem von ihm beobachteten Falle Wunden
in der hinteren Scheidenwand. G a r i e l's Gummipessarium fand
S i m s in einem Falle in solcher Weise aufgeblasen, dass es die
Vagina so enorm ausdehnte, dass es fast die ganze Beckenhöhle
auszufüllen schien.

In den Verhandlungen der Academie de Méd. zu Paris *) wurden von B r o c a, C r u v e i l h i e r und D e p a u l mehrere (sechs)
Fälle mitgetheilt, in welchen durch wiederholte anhaltende Anwendung der Uterussonde oder durch das längere Tragen des Redresseur utérin von V a l l e i x der Tod oder mehr weniger heftige Schmerzen, stärkere Metrorrhagien, bedeutende nervöse Zufälle, Metroperitonitis u. a. m. veranlasst wurden. Eine richtige Beurtheilung
dieser Fälle setzt eine genaue Kenntniss derselben sowie der bei
denselben angewendeten Instrumente voraus; es genügt durchaus
nicht, den ungünstigen Ausgang derselben als gegen die mechanische Behandlung überhaupt sprechend zu verwerthen.

v. S c a n z o n i spricht von sehr heftigen, schmerzhaften Uterinalkoliken, profusen Blutungen und von in Folge der Anwendung
der Knickungsinstrumente zuweilen auftretender heftiger Metritis
und Perimetritis, gesteht aber zugleich zu, dass seine Erfahrungen nur auf die von S i m p s o n, V a l l e i x, K i w i s c h und
D e t s c h y angegebenen Instrumente sich beschränken. (Siehe dessen Lehrbuch p. 115 u. 117). Ferner vermisst man in seinen
sonst ausführlich gehaltenen Erörterungen jede Angabe über die
speciellen nachtheiligen Wirkungen der einzelnen Instrumente sowie die Ausdehnung der Versuche mit denselben, so dass man
nicht immer entscheiden kann, welches der gebrauchten Instrumente die oben angeführten Erscheinungen hervorgerufen hat. Es
wäre dieses von grosser Bedeutung, da die Instrumente von K i -
w i s c h, S i m p s o n und D e t s c h y dadurch, dass sie den Uterus
schon bei der nothwendiger Weise durch Druck bewirkten Ge-
radestreckung, noch mehr aber bei dessen Aufrechthaltung in hohem

herausgegeben von Dr. H. B e i g e l, pag. 204; Erlangen, Ferdinand
Enke 1866.
*) Bull. de l'Acad. XIX. 16—20. 1854.

Grade reizen und sogar durch den zur Erreichung des Zweckes nothwendigen stärkeren Druck der Wandungen der Vagina letztere über kurz oder lang in einen Zustand der Entzündung versetzen müssen. Wie oft werden bei Prolapsus uteri, namentlich bei älteren Personen durch Pessarien Druckerscheinungen, ausgedehnte Geschwüre bewirkt, und kein Arzt denkt daran, desshalb diese Pessarien überhaupt als verwerflich hinzustellen.

Diese angegebenen Mängel der fraglichen Instrumente sind seit langer Zeit festgestellt und allgemein bekannt und werden daher dieselben schon seit Jahren nicht mehr angewendet. Nur das Pessaire intrautérine von Valleix wird von Beigel*) in einer unwesentlichen Modification — anstatt des Gummirings, auf welchem der Stift aufsitzt, wird eine Gummiblase genommen — in letzterer Zeit gebraucht. Es dürfte aber dieses Instrument auch mit der angegebenen Modification dem aufgerichteten Uterus nicht den genügenden Halt geben, da der Stift, selbst wenn er, was nicht wahrscheinlich ist, ganz in der Uterushöhle bliebe, zu kurz und nicht genug fixirt ist. Wir kommen auf dieses Instrument später zurück.

Aus den angegebenen Untersuchungen Scanzoni's lässt sich nur folgern, was gegenwärtig ziemlich allgemein angenommen wird, dass die Instrumente von Kiwisch, Simpson, Valleix, Detschy u. a. m. als den Uterus zu stark irritirend nicht empfehlenswerth seien, nicht aber, dass es nicht Instrumente geben könne, durch welche in unschädlicher Weise der gewünschte Zweck erreicht wird. v. Scanzoni macht endlich noch aufmerksam, dass der umgeknickte Uterusgrund nicht selten durch mehr oder weniger straffe, durch peritoneale Exsudationen bedingte zellige Bänder an die vordere oder hintere Beckenwand angelöthet und so fixirt sei, dass seine Aufrichtung ohne gewaltsame Zerreissung der Pseudomembran oder höchst gefährliche Zerrung des Bauchfells vollends unmöglich erscheint und ist nach seiner Ansicht in solchen Fällen die mechanische Behandlung ein sträflicher Kunstfehler. Das ist auch unsere Ansicht. Diese Fälle, welche übrigens kaum 6 Prozent der Flexionen betragen, werden eben nicht mechanisch behandelt

---

*) Ueber den Einfluss der Lageveränderungen der Gebärmutter auf die Sterilität von Dr H. Beigel, Wiener medicin. Wochenschrift Nr. 12. 1873.

und kann also auch hierin ein Argument gegen die mechanische Behandlung überhaupt nicht gefunden werden. Uebrigens scheinen von
Scanzoni die bei der Anwendung der mechanischen Knickungsinstrumente bisweilen aufgetretenen Erscheinungen nicht so bedenk-
lich vorgekommen zu sein, da er bei Besprechung des Werthes
derselben bemerkt, dass ihn die Ergebnisse von der ferneren Anwendung derselben nicht abgeschreckt hätten, wenn er sich hätte
überzeugen können, dass dieselben im Stande sind, bezüglich der
Heilung des Uebels einen bleibenden Nutzen zu stiften.

Die Bedenken, welche Spiegelberg*) gegen die mechanische
Behandlung geltend macht, sind ebenfalls der Art, dass sie die Anhänger derselben nicht vermindern werden. Wenn er sagt, „der
Uterus verträgt fremde Körper durchaus nicht auf längere Zeit, es
folgt stets Entzündung auf dieselben,“ kann man wohl mit der Behauptung entgegentreten, dass der Uterus fremde (allerdings wohl
ausgewählte) Körper entweder von vorneherein oder nachdem dessen
Empfindlichkeit beseitigt ist und keine ausserordentlichen Verhältnisse (Verwachsungen) vorhanden sind, verträgt, wie Hunderte von
Fällen, welche durch allgemein anerkannte Autoritäten (Martin)
verbürgt sind, beweisen. Spiegelberg, welcher ebenfalls die Intrauterinpessarien, mit denen er experimentirt hat, — er scheint
sich auf jene von Simpson und Martin beschränkt zu haben —
nicht näher bezeichnet, spricht auch von Fällen, in welchen vollkommene Toleranz und Unempfindlichkeit des Uterus vorhanden
sei und dieser „die roheste Behandlung“ vertrage. (Für diese
Fälle wird also selbst Spiegelberg die mechanische Behandlung
zugeben); in allen übrigen Fällen sei die intrauterine Unterstützung
eines der gefährlichsten und deshalb ein zu verwerfendes Verfahren.
Es ist doch schwer zu begreifen, dass eine gewisse Anzahl von
Frauen einen Uterus hat, welcher mehr als die zu seiner Stütze
nöthige intrauterine Behandlung aushält, während bei allen übrigen
dieselbe Behandlung eines der gefährlichsten Verfahren sei. Es
liegt wohl sehr nahe zu glauben, dass es neben der ausserordentlich grossen Toleranz und Unempfindlichkeit des Uterus auch eine,
wenn gerade nicht vollkommene, so doch eine mehr weniger vollkommene gibt, und diese dürfte trotz der theoretischen Auseinan-

---

*) Sammlung klinischer Vorträge Nro. 24, über intrauterine Behand-
lung von Spiegelberg 1871.

dersetznng Spiegelberg's über „die enge Uterushöhle mit ihrer
empfindlichen Mucosa, welche keine gewaltsam aufgedrungenen
Fremdkörper verträgt", bei der grössten Mehrzahl der Fälle vorhanden sein und wo sie es nicht ist, künstlich bewirkt werden
können. Was die enge Uterushöhle betrifft, so darf man sich bei
den Fällen, welche hier in Betracht kommen, nicht ein physiologi-
sches Cavum uteri ausschliesslich von Frauen vorstellen, welche
noch nicht geboren haben, sondern man hat es beinahe immer mit
Kranken zu thun, deren Gebärmutterhöhle durch vorausgegangene
Geburten oder chronische Metritis eine wesentliche Erweiterung er-
fahren hat, so dass die Sonde nur an der Knickungsstelle etwas
schwieriger durchdringt und ein passender Stift leicht vertragen
wird.

Nach meinen sehr ausgedehnten Erfahrungen ist die Schleimhaut der Uterushöhle kaum empfindlicher als jene des Cervix. Ich
habe in Fällen von hartnäckiger chronischer Endometritis Monate lang
energische Aetzungen mit Lapis infern. in Substanz bis zum Grunde
hinauf vorgenommen, in vielen Fällen ohne jede schmerzhafte Em-
pfindung der Kranken, in der grossen Mehrzahl der Fälle mit
leichten vorübergehenden Schmerzen und nur in wenigen Fällen,
gewiss nicht über 10 Prozent, mit heftigeren Schmerzen, Uterinal-
coliken, welche halbe Tage, bisweilen Tage lang andauerten, wenn
nicht die Kranken durch kühle Sitzbäder und Injectionen sich Lin-
derung und Abkürzung derselben verschafft hatten. Zu einer Endometritis kam es indess auch in diesen Fällen nie, so dass ich die
Cauterisationen stets ein paar Tage später wieder fortsetzen konnte.

In mehreren Fällen, wo ich durch diese Aetzungen nicht
zum Ziele kam, habe ich bei natürlicher oder künstlich bewirkter
Erweiterung des Cervical- und Uteruscanals das Endometrium in
seiner ganzen Ausdehnung mit Ferrum candens, welches die Dicke
einer Uterussonde hatte, in Zwischenräumen von mehreren Wochen
wiederholt kauterisirt und weder während der Operation, noch nach
derselben die Kranken über besondere Schmerzen klagen hören.
Man muss also eher daran denken, dass der Muskel bei plötzlicher
Ausdehnung und Zerrung durch einen fremden Körper reagirt,
d. h. Contraction zeigt. Dagegen gibt es aber ein leichtes Mittel,
welches wir auch zu anderen Zwecken mit Spiegelberg anwenden, nämlich die successive künstliche Erweiterung der Uterushöhle
durch Laminaria digitata. Es muss ja überhaupt der mechanischen

Behandlung in den meisten Fällen eine medicamentöse vorangehen, es muss ein etwa vorhandener Congestivzustand, chronischer Catarrh, Geschwüre u. s. w. vorher beseitiget werden, und zu diesem Behufe ist die Erweiterung der Uterushöhle bisweilen ohnedies geboten. Durch diese örtliche Behandlung schwindet ja eine etwa vorhandene Hyperaesthesie in der Regel eo ipso. Wir behandeln daher erst dann intrauterin mechanisch, wenn es der Zustand des Endometrium sowie der der Höhle des Uterus erlaubt. Auf diese Weise haben wir dann einerseits Fälle von Versionen und Flexionen, bei denen wir sofort Intrauterinpessarien anwenden können, und solche, bei welchen deren Anwendung erst zulässig ist, wenn der Uterus die nöthige pharmazeutische Behandlung durchgemacht hat. Sollte es aber einer von den höchst seltenen Fällen sein, in welchen entweder eine nicht zu beseitigende örtliche oder allgemeine Hyperaesthesie oder eine feste Verwachsung des Uterus (intraperitoneale Adhaesion) mit den Nachbarorganen, oder irgend ein anderer Umstand, z. B. ein dem Uterus oder dessen Nachbarschaft angehöriger Tumor die Anwendung der Knickungsinstrumente schmerzhaft oder sehr schwierig macht, so haben wir die Pflicht, von der Anwendung dieses Heilmittels ganz abzusehen. Auf diese Weise kann also von einer Gefährlichkeit der mechanischen Behandlung nicht die Rede sein. Was nun das Hervorrufen der Uterinalkolik, der Peri- und Parametritis, der Metrorrhagie und anderer Erscheinungen betrifft, so ist so viel sicher, dass dieselben, obwohl die Anhänger der mechanischen Behandlung in letzterer Zeit zugenommen haben, immer seltner werden und dass man in den letzten Jahren meines Wissens von einem sicher constatirten Todesfalle durch die mechanische interne Behandlung nichts mehr gehört hat. Es ist unzulässig, sich auf die früher gebrauchten, unzweckmässigen, ohne bestimmte Indication angewendeten Knickungsinstrumente zu berufen. Nach meiner vollsten Ueberzeugung wird die mechanische intrauterine Behandlung desshalb bald mehr Eingang in die Praxis finden, weil die als gefährlich erwiesenen Intrauterinpessarien stets mehr durch ungefährliche ersetzt werden, weil der mechanischen Behandlung die für dieselbe eventuell nothwendige Cur vorangeht, und weil dieselbe nur unter bestimmten Indicationen und Bedingungen vorgenommen wird, so dass also alle Fälle, in welchen eine intrauterine mechanische Behandlung schaden könnte, ausgeschieden werden. Allerdings wird nicht jede Kranke gleich gut behandelt werden, weil diese Art der Behandlung bisweilen eine ausserordentliche Uebung und Ruhe sowie Beurtheilung des speziellen Falles verlangt. Dieser letzte Umstand scheint mir geradeso wie die bisher gebrauchten Intrauterinpessarien Ursache gewesen zu sein, dass die in Rede stehenden therapeutischen Massregeln bisher keinen ungetheilten Beifall sich errungen haben. Den Anhängern der mechanischen Behandlung steht meines Erachtens kein besseres Mittel zur Aufklärung ihrer Gegner zu Gebote, als streng prüfend auf der bisherigen Bahn vorwärts zu gehen und durch genau beobachtete Fälle den Werth und die Nothwendigkeit der orthopädischen Therapie bei den Neigungen und Beugungen der Gebärmutter darzuthun. Wir haben auch ein Recht, jede Opposition, welche nicht auf grössere Erfahrungen und zwar in der Art und Weise der Auswahl der Fälle sowohl, als auch der vorbereitenden und wirklichen Behandlung mit den neuesten Pessarien basirt ist, abzuweisen. Unsere Gegner müssen sich ein entscheidendes Votum durch lang fortgesetzte Versuche erst erwerben, denn nur dadurch werden sie die Anhänger der mechanischen Behandlung überzeugen können.

Wir haben nun darzulegen, dass die interne mechanische Behandlung, unter bestimmten Bedingungen ausgeführt, in vielen Fällen von bleibendem Nutzen begleitet ist; wir wollen aber zuerst darauf hinweisen, dass in den meisten Fällen, in welchen durch das Vorhandensein von hochgradigen Versionen und Flexionen Sterilität bedingt wird, häufig schon eine wesentliche Verminderung der vorhandenen Lagenabweichungen oder eine nur kurze Zeit dauernde Behebung derselben die früher mangelnden mechanischen Bedingungen zur Conception herbeiführt und dadurch einerseits die Kranken befriediget, andererseits die Wahrscheinlichkeit einer vollkommenen, dauernden Heilung bei rationellem Verhalten der Kranken in puerperio in Aussicht stellt. Die von Scanzoni aus theoretischen Gründen gemachten Bedenken gegen die mechanische Behandlung scheinen unseres Erachtens vollkommen ungenügend, dieselbe als nutzlos hinzustellen. Dieser Autor glaubt nämlich nicht an die Möglichkeit, dass durch das Einlegen und längere Liegenlassen eines Knickungsinstrumentes die bei stärkeren Flexionen nie fehlende Verdünnung und Atrophie des Muskelgewebes an der Knickungsstelle beseitigt werde. Hier muss vor Allem die Ansicht bekämpft werden, dass bei jeder stärkeren

Flexion — die leichteren kommen hier ohnedies nicht in Betracht — einer Verdünnung und Atrophie des Muskelgewebes an der Knickungsstelle vorhanden sein müsse. Wenn v. Scanzoni sich an jene in seiner ausgedehnten Praxis gewiss mehrmals vorgekommenen Fälle erinnert, bei welchen plötzlich (in ein paar Tagen oder in ein paar Wochen) eine stärkere Flexion zu Stande gekommen ist, wie sie nicht gar so selten (post puerperium) vorkommen, so wird er unsern Zweifel an der Nothwendigkeit der Verdünnung des Muskelgewebes nicht unbegründet finden. Scanzoni macht ja selbst aufmerksam auf die Häufigkeit des Auftretens der Knickungen kurze Zeit nach recht- oder frühzeitiger Entbindung und erklärt sich dieses Verhältniss aus dem durch retardirte Involution zurückgebliebenen, relativ grossen Volumen und Gewichte des Organs, welches dadurch zur Knickung prädisponire und bei Einwirkung einer äusseren Schädlichkeit auf dasselbe geknickt werde. In diesen anerkannt häufigen Fällen ist gewiss eine Verdünnung und Atrophie nicht vorhanden. Weiterhin wird von Scanzoni wohl schwerlich den Beweis liefern können, dass auch in den Fällen, in welchen eine Verdünnung und Atrophie angenommen werden darf, die mechanische Behandlung nicht vortheilhaft sei. Eine nicht geringe Anzahl von Kranken ist übrigens mit einem momentanen Erfolge zufrieden, d. h. mit der Aufrichtung des Uterus für so lange Zeit als zur Behebung der durch die Knickung bewirkten Sterilität nothwendig ist.

Es unterliegt keinem Zweifel, dass durch die interne mechanische Behandlung eine dauernde Besserung oder Beseitigung der Versionen und Flexionen erreicht werden kann, vorausgesetzt, dass dieselbe nur unter bestimmten Bedingungen und mit eventueller Zuhülfenahme anderweitiger therapeutischer Mittel ausgeführt wird. Wird nämlich der Uterus auf mechanische Weise in seine normale Lage gebracht und durch Intrauterinpessarien in derselben Wochen- oder Monate lang erhalten, so wird dadurch allmählig eine mehr minder günstige Accomodation seiner benachbarten Organe erzielt, welche zur Fixirung des Organs immerhin nicht unbedeutend beitragen. Ist es eine schon länger dauernde Flexion, wo also eine Verdünnung und Atrophie des Binde- und Muskelgewebes an der Knickungsstelle mit grösster Wahrscheinlichkeit als vorhanden angenommen werden muss, so liegt wohl

die Vermuthung nahe, dass diesselbe unter den durch die Kunst-
hülfe hergestellten günstigeren Lagebedingungen des Organs sich allmählig wieder heben wird, da ja dann der Uterus durch die menstruale
Congestion sowie durch die continuirliche Berührung seiner Wandungen mit dem Intrauterinstift jedenfalls zu reger Thätigkeit veranlasst
wird, durch welche seine Structurverhältnisse sich wieder günstiger
gestalten, wie wir ähnliche Regenerationsprozesse in puerperio oder
einige Zeit nachher nicht selten beobachten. Martin hat eine
dauernde Heilung sehr häufig auf diese Weise beobachtet, das Urtheil Martin's steht in dieser Sache so hoch, dass wir es bei der
Grösse des ihm seit Decennien zu Gebote stehenden Materials
durchaus nicht unterschätzen dürfen. Auch ich habe häufig derartige hieher gehörige Fälle beobachtet; (siehe Krankengeschichten).

Hiemit glauben wir nun dargethan zu haben, dass die mechanische intrauterine Behandlung der Flexionen und Versionen des
Uterus nothwendig, ungefährlich und von Erfolg begleitet sei. Es erübrigt uns daher noch, die Bedingungen sowie
die Art und Weise der erfolgreichen mechanischen Behandlung
zu besprechen. —

Bedingungen und Art der mechanischen Behandlung.

1) Der Uterus muss eine derartige Beweglichkeit besitzen,
dass dessen Aufrichtung keine Zerrung seiner Ligamente verursacht.
In den Fällen, in welchen der Uterus durch pseudomembranöse
Adhaesionen mit den Nachbarorganen verbunden ist, hängt die
Möglichkeit der unschädlichen mechanischen Behandlung von der
Dehnbarkeit der Adhaesionen ab. Selbstverständlich darf unter
solchen Verhältnissen die Aufrichtung des Uterus nur gradatim
und mit grösster Vorsicht ausgeführt werden.

2) Die Empfindlichkeit des Uterus und der Scheide soll so
ziemlich normal, wenigstens nicht wesentlich gesteigert sein.

3) Der Cervicalkanal muss normal weit sein, eventuell mittels
Laminaria digitata dilatirt werden.

4) Etwaige vorhandene Geschwüre am Muttermunde, stärkere
Auflockerung und Hypersecretion des Endometrium, acute Metritis,
bedeutende Blutungsneigung, Erschlaffung und Senkung der Vagina
müssen vor Beginn der mechanischen Behandlung künstlich beseitiget oder wenigstens sehr gebessert werden; daher in solchen

Fällen der mechanischen Behandlung eine oft Monate lang dauernde Kur vorausgeschickt werden muss. Die Verhältnisse gestalten sich hier wie bei der localen Therapie der Hysteroptosis, bei welcher zuerst etwa vorhandene Geschwüre, die grosse Erschlaffung und Ausdehnung der Vagina durch zweckentsprechende Mittel behandelt werden und erst nach deren Beseitigung oder entschiedenen Besserung ein passender Uterusträger eingeführt, oder eine anderweitige, dem speciellen Falle entsprechende örtliche Behandlung eingeleitet wird.

5) Hysterie darf nicht abhalten von mechanischer Behandlung, selbst dann nicht wenn, wie dies im Anfange derselben häufig der Fall ist, bei der Einführung des Knickungsinstrumentes heftige hysterische Krämpfe auftreten sollten. Jch habe in einigen Fällen Gelegenheit gehabt, mich von der Unschädlichkeit der mechanischen Behandlung bei Hysterischen zu überzeugen. In einem Falle — es war eine hochgradige Retroflexio uteri, welcher als Fall 6 unten genauer beschrieben ist — traten in den ersten Wochen der mechanischen Behandlung bald beim Aufrichten des Uterus durch die Sonde, bald unmittelbar oder einige Stunden nachher mehr minder heftige Lach- und Weinkrämpfe auf, welche später seltener und schwächer wurden und endlich ganz wegblieben. In einem andern Falle — es war ebenfalls eine bedeutende Retroflexio uteri, siehe Fall 10 — kam es sowohl beim Sondiren, als auch besonders einige Stunden nach dem Einlegen des Intrauterinpessarium zu heftigen nervösen, der Katalepsie ähnlichen Anfällen, welche in den ersten vierzehn Tagen der Behandlung regelmässig und mit fast gleicher Intensität auftraten, dann 8 Tage lang nicht mehr sich zeigten und später ab und zu, aber weit schwächer, sich wieder einstellten. Nach vollendeter Kur, welche über ein Jahr gedauert hatte, hatten sich die Erscheinungen der Hysterie ganz verloren. Aus diesen Fällen lässt sich die von Schultze in der Naturforscherversammlung zu Leipzig 1872 hervorgehobene Gefahr, dass das Tragen von Intrauterinpessarien Hysterie verursachen könne, nicht entnehmen. Auch die Erfahrungen Martin's und Anderer, welche Hunderte von Flexionen und Versionen mechanisch behandelt haben, sprechen nicht zu Gunsten der von Schultze ausgesprochenen Behauptung. Seit meiner 12jährigen Praxis habe ich nahezu 200 Hysterische an chronischer Endometritis durch Aetzungen des Cavum uteri behandelt und dabei nie eine dauernde Verschlim-

merung, wohl aber häufig einen Nachlass oder gänzliches Verschwinden der hysterischen Symptome beobachtet. Ferner habe
ich viele Hunderte, bei welchen keine Spur von Hysterie zu entdecken war, an chronischer Endometritis ebenfalls durch Monate
lang fortgesetzte Aetzungen des Cavum uteri behandelt; ich muss
gestehen, dass ich mich nicht eines einzigen Falles erinnere, in
welchen sich eine mit der localen Behandlung in Zusammenhang
zu bringende Hysterie ausgebildet hätte. Wenn so häufig vorgenommene Aetzungen, welche gewiss als bedeutende Reizungen des
Endometrium betrachtet werden müssen, eine schon bestehende
Hysterie nie verschlimmert, wohl aber häufig gebessert oder geheilt
haben, und wenn dieselben nie Hysterie hervorgerufen haben, so
dürfte auch per analogiam anzunehmen sein, dass die Reizung der
Mucosa des Uterus durch unser einfaches Intrauterinpessarium zu
irgendwelchen Störungen in den Functionen des Gesammtnervensystems keine Veranlassung abgebe.

6) Wenn auch das Knickungsinstrument erfahrungsgemäss
während der Menstruation gut ertragen wird, so halten wir es bei
unserem Verfahren für ungleich zweckmässiger, dasselbe während
dieser Zeit nicht anzuwenden, da einerseits ein Druck auf das aufgelockerte Endometrium nachtheilig wirken — zumal manche Frauen
zu Metritis oder Perimetritis zur Zeit der Menstruation disponiren
— andererseits durch die "das Scheidengewölbe ausfüllenden Watt-
tampons eine Störung in dem regelmässigen Abgange des Menstrualblutes auftreten könnte. Uebrigens bedingt ein mehrtägiges Aussetzen der Cur in Zeiträumen von 4 Wochen keine wesentliche
Verzögerung derselben und lässt zugleich die Controlirung der
durch die vorher eingeleitete Behandlung erzielten Resultate zu. —

Ausser der Berücksichtigung der eben angegebenen Momente
muss bei der orthopädischen Behandlung der in Rede stehenden
Lageabweichungen auf die Wahl eines zweckmässigen Instrumentes
und auf die beste Art seiner Anwendung ein ganz besonderer
Werth gelegt werden.

Für unsere Zwecke mag es genügen, jene Intrauterinpessarien
genauer zu beschreiben und einer kritischen Beurtheilung zu unter-
werfen, mit welchen viele Versuche gemacht wurden und jene,
welche noch gegenwärtig gebraucht werden. Wir machen daher
auf den Elfensteinstift, welchen Amussat in den letzten Zwanziger
Jahren in einigen wenigen Fällen gebraucht hat, nur desshalb auf-

merksam, weil derselbe als das erste Intrauterinpessarium betrachtet werden kann. Erst 1847 und 48 wurden fast gleichzeitig von Simpson und Kiwisch neue Knickungsinstrumente in die Praxis eingeführt und nach einer bestimmten Methode viele Jahre lang angewendet. Kiwisch konstruirte sein erstes Instrument durch Abänderung seiner einige Jahre vorher erfundenen Uterussonde in der Weise, dass er dieselbe wesentlich verlängerte, nach dem Griffe zu stark abbog und 6,5 Ctm. von der abgerundeten Spitze derselben entfernt eine kleine Metallplatte anbrachte, welche auf den Muttermund zu liegen kam. Am Griffe der Sonde wurde eine weiche Pelotte angebracht, welche nach Einführung des Instrumentes an die Symphyse zu liegen kam und durch einen Beckengürtel befestigt wurde. Die Erfahrungen, welche Kiwisch mit demselben machte, befriedigten ihn nicht, daher er 1850 sich ein anderes Instrument (S. Fig. I.) construirte. Dieses besteht bekanntlich aus

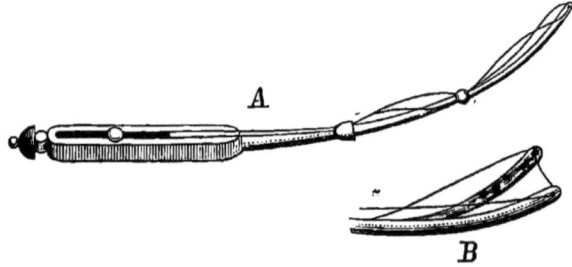

Fig. I.

einer in ihrem uterinen Theile in zwei federnde Blätter gespaltenen Metallsonde. Am untersten Ende des Griffes ist eine Schraube angebracht, welche den Zweck hat, einen mit ihr in Verbindung stehenden, durch den obersten Rand der beiden Branchen laufenden Faden zu verkürzen oder zu verlängern und dadurch die beiden Branchen zum Zwecke des Einführens in die Uterushöhle fest aneinander zu ziehen und nach der Einführung auseinanderweichen zu lassen. Der Griff der Sonde kann bis zu den federnden Theilen entfernt werden und auch der Faden. Obwohl Kiwisch mit diesem Instrumente bedeutende Erfolge errungen haben will, so überzeugte er sich doch bald davon, dass es bei längerem Liegenbleiben den Uterus in bedenklicher Weise reize, was wohl leicht erklärlich sein dürfte. In neuerer Zeit wird mit Recht keines der beiden Instrumente mehr angewendet.

Kilian veränderte das erste von Kiwisch modificirte Instrument, die Bügelsonde und Carl Mayr das zweite, aber in unwesentlicher und durchaus nicht vortheilhafter Weise, so dass auch diese beiden Instrumente bald aus der Praxis verschwanden.

Eine bessere Zukunft war den drei Intrauterinpessarien von Simpson beschieden, welche zum Theile noch gegenwärtig in An-

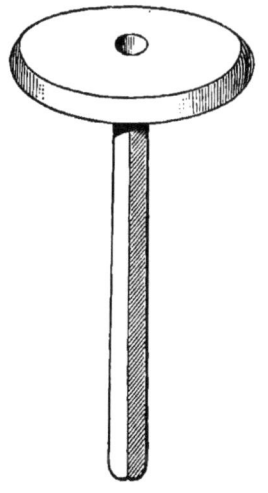

Fig. II.

wendung sind. Das erste war ein hohler 6 Ctm. langer Stift, dessen obere Fläche aus Zink, dessen untere aus russischem Kupfer bestand; am untern Ende befand sich ein hohler Knopf von russischem Kupfer, welcher ca. 3 Ctm. Durchmesser hatte. (S. Fig. II.) Das zweite bestand aus demselben Stifte, welcher mit einem ovalen Pessarium (ca. 7 Ctm. lang, 3,5 Ctm. breit und 1,5 Ctm. hoch)

Fig. III.

mittels eines Gelenkes und einer Feder in der Mitte der Platte so

verbunden war, dass er auf der einen Seite nach der Längenrich-
tung des Pessarium hin niedergelegt und auch bis zum rechten
Winkel, in welchem er feststand, aufgerichtet werden konnte.
Zur Einführung des Instruments dient ein mit einem Griffe ver-

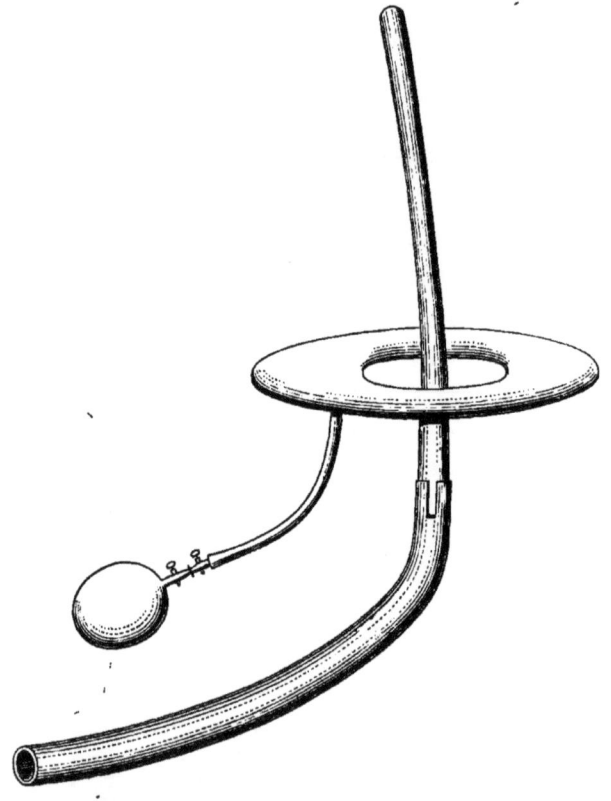

Fig. IV a.

schener gerader Metallstab (S. Fig. III.). Das dritte stellt eine Modification des ersten in der Weise dar, dass an dessen unterer Knopf-
fläche eine leicht gebogene, 6 Ctm. lange Canüle sich fortsetzt. In
diese passt ein Stift, welcher von einer dem Schambogen sich anschmie-
genden Drahtschlinge ausgeht. Letztere wurde, um dem Pessarium
einen sicheren Halt zu geben, durch einen Leibgürtel festgebunden.

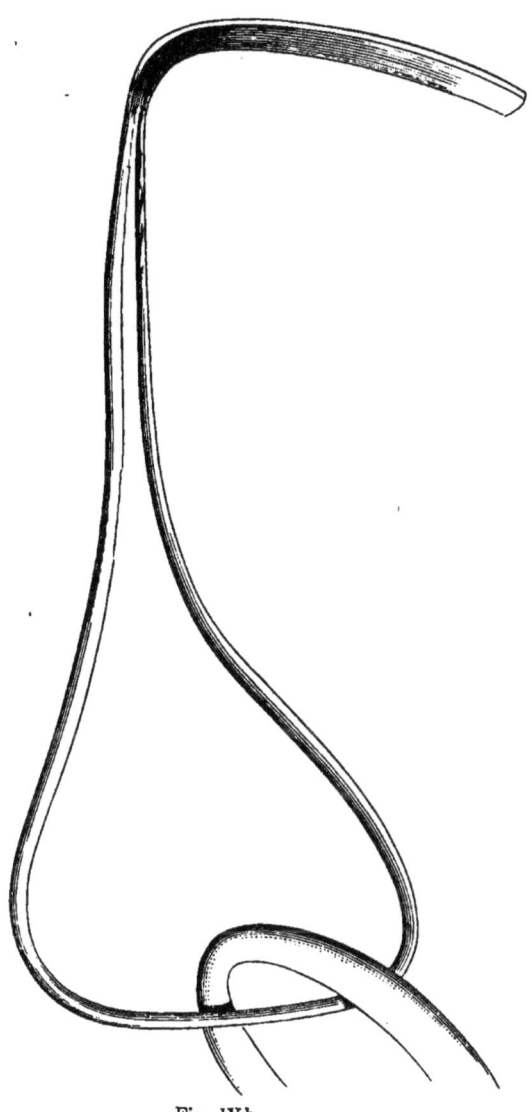

Fig. IV b.

32

Dieses Instrument Simpson's änderte Valleix in der Weise ab, dass er den Uterusstift durch ein Gelenk beweglicher machte und den Knopf durch einen hohlen Gummiring ersetzte, welcher nach Einführung des Stiftes aufgeblasen wurde und dann den Uterus fixiren sollte. (S. Fig. IV a. u. b.) Das dritte Instrument Simpson's wurde wegen des mangelhaften Haltes, den es bot, ebenso wie das von Valleix modificirte, bald aus der Praxis entfernt. Das zweite Instrument (Second form of Pessary), welches Simpson für die Retroflexionen und Versionen bestimmte, wird in seiner ursprünglichen Form noch gegenwärtig häufig, namentlich von Martin, bei Retroflexionen und Versionen angewendet, indess ist

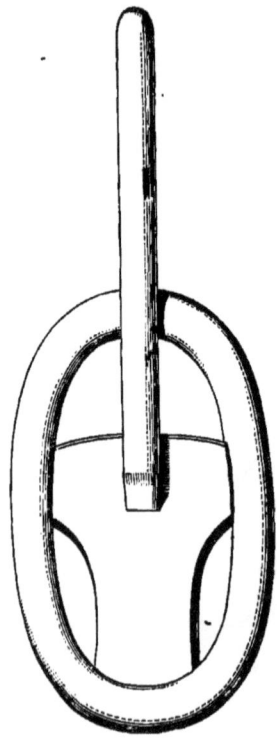

das Pessarium desselben nach dem Vorschlage Martin's aus Holz und der Stift aus Elfenbein gefertigt und besitzt dadurch einerseits die für dessen Brauchbarkeit nöthige Leichtigkeit, andererseits ist es frei von der häufig unerwünschten galvanisirenden Nebenwirkung des zusammengelötheten Zink- und Kupferstiftes. Wir werden noch später auf den Werth dieses Instrumentes, welches Martin „federnden Regulator" heisst, zurückkommen. (Siehe Fig. V.) Aus der Idee, welche dem zweiten Simpson'schen Instrumente zu Grunde lag, nämlich durch ein Pessarium in der Scheide den Stift und dadurch den aufgerichteten Uterus zu fixiren, gingen beinahe sämmtliche, seither erfundene und zum Theile noch gegenwärtig gebrauchte Instrumente hervor. So Detsehy's Hysteromochlion. Wir verzichten auf dessen genauere Beschreibung, da es sich als schädlich erwiesen und ausser Gebrauch ist.

Fig. V.

Ebenso das Instrument, welches Winckel in manchen Fällen mit Erfolg und Jahre lang hatte tragen lassen. Dasselbe besteht aus einem Hartgummistilte, welcher unten statt des Knopfes eine hutförmige Erweiterung zeigt und mit einem Faden in der Mitte eines C. Mayr'schen Ringes befestigt wird. Der Stift hat dabei eine gewisse Beweglichkeit. (S. Fig. VI.)

Auch das Intrauterinpessarium von Beigel gehört hieher, welches aus einem Hartgummistifte, der in einen Gummiballon eingesetzt ist, besteht, so dass also dieser Theil des Instrumentes wie eine kleine Gummispritze mit solidem Ansatz aussieht. In den Gummiballon mündet gegenüber der Stelle, an welcher der Stift eingesetzt ist, eine Gummiröhre; durch diese sowie durch den Ballon und die durchbohrte Hälfte des Stiftes wird die Sonde zum Zwecke der Einführung des Stiftes in die Uterushöhle eingeschoben und auf diese Weise das Instrument eingeführt; nachdem dies geschehen, wird der Ballon aufgeblasen und die Röhre mittels einer Klammer luftdicht geschlossen.

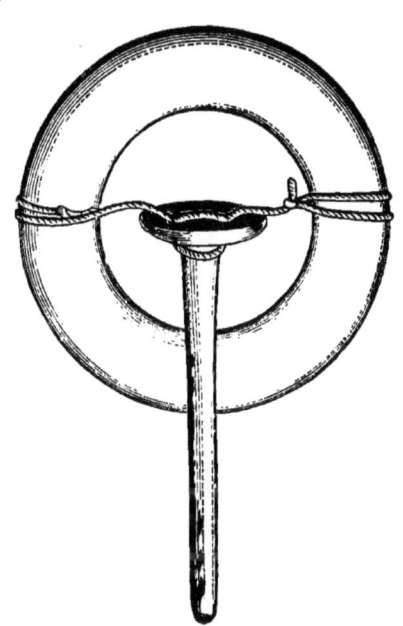

Fig. VI.

Das erste Pessarium Simpson's wird der Form nach unverändert, aber aus verschiedenem Material (Hartgummi, Elfenbein, Blei) gefertigt, ebenfalls noch gegenwärtig vorzugsweise angewendet.

Es ist, weil das einfachste, sicher das unschädlichste aller Pessarien und erfüllt wenigstens den Zweck, die Formveränderung des Uterus für längere Zeit, bisweilen dauernd zu beseitigen.

In neuester Zeit empfiehlt Dr. v. Düring zu Hamburg (Deutsche Klinik Nr. 1, 3. Januar 1874) ein Intrauterinpessarium aus Hartgummi, welches aus einem hohlen, oben vielfach durchlöcherten Stiele und zwei in Gelenken beweglichen Flügeln — umgekehrte Flügel des Zwanck'schen Pessarium — besteht.

Ausser den eben angeführten Intrauterinpessarien sind noch mehrere zur Anwendung empfohlen worden — z. B. das von Wright und das von Greenhalgh — indess sind es, soweit wir uns über dieselben aus den Abbildungen und Beschreibungen derselben ein Urtheil bilden konnten, insgesammt solche, deren Mangelhaftigkeit gleich von Anfang an erkannt wurde, so dass schon eine geringe Anzahl von Versuchen mit denselben genügte, sie dauernd aus der Praxis zu verdrängen.

Wenn wir nun die bisher erfundenen Knickungsinstrumente, um einem praktischen Interesse zu genügen, überblicken und die tauglichen von den untauglichen ausscheiden wollen, so bleiben uns nur die einfachen Stifte — einfache Regulatoren nach Martin — und der sogenannte „federnde Regulator" von Martin zur näheren Prüfung übrig. Alle übrigen haben sich durch vielfach und von verschiedenen Seiten angestellte Versuche als nutzlos oder geradezu schädlich erwiesen. So ist das früher von vielen Aerzten (namentlich Seyfert) empfohlene öftere Einlegen und stundenlang fortgesetzte Liegenlassen der Gebärmuttersonde nicht bloss für die Kranken sehr unangenehm, weil sie lange fort eine ruhige Rückenlage einnehmen müssen, sondern es führt auch zu keinem Resultate, wie sich dies aus theoretischen Gründen leicht erklären lässt und aus den zahlreichen, von Martin mit denselben angestellten Versuchen zweifellos hervorgeht. Noch ungünstiger steht es mit der Wirkung jener sondenartigen Instrumente, welche auf dem Schamberge mittels einer durch einen Gürtel befestigten Pelotte ihren Halt haben, wobei der in die Uterushöhle einzuführende Theil der Sonde einen Stift darstellt, welcher an seinem unteren Ende, — also da, wo er an dem Muttermund anliegt — einen Vorsprung als Träger des Uterus hat. Diese Instrumente rufen erfahrungsgemäss bedenkliche Reizungen des Endometrium und dadurch starke Blutungen, Metritis, Perimetritis und ausgedehnte Peritonitis mit lethalem Ausgange hervor, daher man von der Anwendung derselben ganz abgekommen ist. Hieher gehören die beiden Instrumente von Kiwisch nebst dem von C. Mayr modificirten, das von Kilian, ferner das dritte Instrument von Simpson nebst dem von Valleix modificirten u. A.

Martin's federnder Regulator gehört zu jener Art von Intrauterinpessarien, welche nur in einzelnen Fällen ohne Nachtheil für die Kranken und mit Erfolg angewendet werden können, während sie in andern nicht vertragen werden. Es sind dies Instrumente mit unsicherer Wirkung. Dieses Instrument, das zweite von Simpson, liess Martin aus leichterem Material fertigen, wie oben genau beschrieben wurde. Der Stift wird zur Aufrichtung des Uterus in dessen Höhle eingeführt, während das mit demselben verbundene Pessarium durch Festgestelltwerden in der Vagina den Zweck hat, dem Uterus eine bestimmte Stellung zu geben. Martin hat mit diesem Instrumente für Retroflexionen und Versionen 59 Kranke behandelt. Bei 3 musste dasselbe wegen auftretender Beschwerden bald entfernt werden, während eine vierte aus Aengstlichkeit dasselbe entfernen liess; bei einer fünften Kranken fiel wegen zu kleinen Ringes des Regulators das Instrument spontan heraus. Von den 54 Frauen, welche sich an das Instrument gewöhnten, wie Martin angibt, trugen 48 dasselbe ununterbrochen mehr als einen Monat, eine über eilf Monate. Dauernde Heilung wurde in 25 Fällen erzielt; 19 Frauen, welche entweder ursprünglich oder nach vor vielen Jahren vorausgegangenen Geburten steril waren, wurden schwanger und gebaren rechtzeitig glücklich. Meine Erfahrungen mit diesem Instrumente beziehen sich nur auf 5 Fälle; unter diesen war nur einer von günstigem Erfolge begleitet. Es war diess eine 31-jährige Schlossersfrau mit stark retroflectirtem Uterus. Dieselbe war 7 Jahre verheirathet, hatte nie concipirt und litt seit 5 Jahren an heftigen dysmenorrhoischen Erscheinungen, seit zwei Jahren an profuser Blennorhoe. Der Uterus konnte mit der Sonde leicht aufgerichtet und der federnde Regulator mit wenig Mühe eingeführt und in der Vagina festgestellt werden. Das Instrument machte der Kranken in den ersten Tagen Schmerzen beim Stiegensteigen und Heben schwerer Gegenstände, wurde aber später ohne Beschwerden ertragen. Bei der 14 Tage nach dem Einführen desselben vorgenommenen Untersuchung fand ich das Pessarium in der Vagina leicht schräg gestellt, der Stift nur wenig gesenkt. Nach fünfmonatlicher Cur, welche während der jedesmaligen Menstruation mehrere Tage ausgesetzt wurde, war die Stellung des Uterus eine vollkommen normale, die dysmenorrhoischen Erscheinungen, welche schon vorher abgenommen hätten, vollständig verschwunden, so dass die mechanische Behandlung ausgesetzt wurde. Zwei Monate nachher trat Schwangerschaft ein, welche normal verlief.

Bei drei Fällen war die Einführung des Instrumentes so schwer, dass dieselbe erst nach mehrfachen Versuchen und unter bedeutenden Schmerzen bewerkstelligt werden konnte; ausserdem hielt in zwei Fällen das Pessarium nicht fest genug, so dass ein grosser Theil des Stiftes vor dem äusseren Muttermunde herabgetreten und der Uterus dadurch wieder in seine anormale Lage zurückgesunken war; im dritten Falle, in welchem das Pessarium festhielt, waren die Schmerzen in der Vagina und im Uterus anhaltend heftig, es stellte sich eine heftige Endometritis und Vaginitis ein, so dass das Instrument am dritten Tage wieder entfernt werden musste. Im fünften Falle endlich gelang es trotz wiederholter Versuche nicht, den federnden Regulator einzuführen, obwohl der Uterus stets vorher mit der Sonde, wenn auch mit Mühe, aufgerichtet worden war. Mir scheint aus diesen fünf Versuchen hervorgegangen zu sein, dass das federnde Pessarium in einzelnen Fällen vollkommen allen Anforderungen entspricht, dass es aber gemeinhin sehr schwer einzuführen und nur in den seltensten Fällen in der Vagina so fixirt werden kann, dass der Stift ganz in der Uterushöhle bleibt. Ausserdem ruft das Instrument dadurch, dass es dem aufgerichteten Uterus durchaus keinen Bewegungsspielraum lässt, leicht Endometritis und Metritis hervor. Martin scheint bezüglich des letzten Punktes darin dieselben Erfahrungen gemacht zu haben, da er das Instrument verhältnissmässig selten anwendet und sich in seiner oben angeführten Monographie pag. 82 folgendermassen ausspricht: „Bevor man sich zur Application des federnden Regulators entschliesst, muss man den Fall nach allen Richtungen, insbesondere auch daraufhin, ob etwa entzündliche Processe noch bestehen oder ob Adhäsionen, Schrumpfungen irgend welcher Art die fehlerhafte Lage des Uterus fixiren, ob Geschwülste neben dem Uterus vorhanden u. s. w. sorgfältig untersuchen. Denn in den aufgeführten Fällen ist die Anwendung zu widerrathen." Weiter unten: „Die Kranken dürfen (nach der Einführung des Instrumentes herumgehen, mit einiger Vorsicht fahren u. s. w., müssen sich aber vor der Rückenlage und vor ungewöhnlichen Anstrengungen der Bauchpresse hüten."

Das Instrument Beigel's, welches nach der Beschreibung ebenfalls in der Vagina seinen ausschliesslichen Halt hat, dürfte wohl gut vertragen werden; allein es ist ohne Zweifel in vielen Fällen schwer einzuführen, in einzelnen überhaupt nicht, da einerseits der Kautschukballon die Mitwirkung des Fingers erschwert, unter dessen Leitung der Stift in den Cervix eindringen soll, andererseits bei der Einführung des Instrumentes mittels der Sonde die für dasselbe günstige Richtung nicht leicht gefunden wird; ausserdem ist der Stift so kurz, dass schon bei leichtem Herabtreten die Spitze desselben unter die Knickungsstelle zu liegen kommt und dadurch die Wirksamkeit des Instrumentes aufgehoben wird, wie ich mich in zwei Fällen überzeugen konnte. Ferner dürfte der Ballon kaum so gut fixirt sein, dass der Stift dauernd in seiner Lage bleibt, da der Gummi an der Befestigungsstelle des Stiftes sich leicht abbiegt. Endlich verändern sich nach meiner Erfahrung Kautschukblasen durch den Einfluss der hohen Temperatur und Feuchtigkeit in kurzer Zeit so, dass sie unbrauchbar werden.

Was das obenerwähnte, erst kürzlich zur Anwendung empfohlene Intrauterinpessarium von Dr. A. von Düring zu Hamburg anlangt, so besitzt dasselbe zweifellos die Schattenseiten des federnPessarium von Martin, ohne dessen Lichtseite zu haben.

Wenn wir nun die einfachen, unten mit einem Knopfe versehenen Stifte nach Martin — Regulatoren oder Elevatoren — näher in's Auge fassen, so ergibt sich, dass dieselben ungleich leichter eingeführt werden können, weil der untere Theil (Knopf) des Instrumentes, nachdem der obere Theil in den äusseren Muttermund eingedrungen ist, je nach Bedürfniss von jeder Richtung des Scheidengewölbes aus nach aufwärts gedrückt werden kann und dadurch die Spitze des Instrumentes über die verengte Knickungsstelle hinweggleitet. Da die einfachen Stifte in der Scheide nicht fixirt werden, so reizen sie auch das Endometrium nicht und werden daher ausserordentlich gut vertragen. Martin wendete dieses Instrument in mehr als 100 Fällen von Anteflexionen an, wobei dasselbe wegen zunehmender Schmerzen oder Blutungen nur drei mal entfernt werden musste, ohne dass die Kranken dadurch irgend welchen länger dauernden Nachtheil erlitten hatten.

94 Mal lag das Instrument ununterbrochen 1—9 Monate lang ohne
alle Unbequemlichkeit. Würden die einfachen Stifte von ebenso
grossem Erfolge begleitet sein, als sie unschädlich sind, so würde
die Aufgabe der orthopädischen Behandlung gelöst sein. Dies ist
indess leider nicht der Fall. Die Versionen werden durch die
einfachen Stifte, selbst wenn sie Monate lang angewendet werden,
kaum oder überhaupt nicht verändert; und die Flexionen — Martin behandelte ausschliesslich die Anteflexionen mit demselben —
nur in Versionen umgewandelt, so dass der Grund der Gebärmutter
leicht gehoben und der Körper nahezu in der früheren Lage erhalten wird, während der Halstheil des Organs seine normale Lage
in der Scheide verliert, wodurch der Knickungswinkel zwischen
Corpus und Cervix uteri beseitigt wird. Auf diese Weise können
die mechanischen Benachtheiligungen der Harnblase sowie des
Mastdarms und deren Functionsstörungen, welche sich bei den
Flexionen in viel höherem Grade geltend machen als bei den Versionen, erheblich gemindert, in einzelnen Fällen vielleicht ganz beseitigt werden; auch die dysmennorrhoischen Erscheinungen werden
sich durch diese Art von Behandlung regelmässig verlieren; endlich kann dadurch in den meisten Fällen die Ursache der Sterilität,
welche viel mehr in der Undurchgängigkeit des Orificium internum
als in der abnormen Stellung der Portio vaginalis gelegen ist, beseitigt werden. Auf diese Weise dürften auch die Erfolge, welche
Martin durch die Anwendung dieses Instrumentes — bei 97 Fällen
von Anteflexion wurden nach seiner Angabe 40 dauernd geheilt,
in 54 trat wesentliche Erleichterung ein — erzielt hat, zu erklären
sein.

Trotz der Erfolge bleibt es in hohem Grade wünschenswerth,
dass nicht bloss die Gestalt, sondern auch die Lage des Uterus
verändert werde. Daher hat man seit der Einführung des Simpson'schen einfachen Stiftes in die ärztliche Praxis stets das Bedürfniss gefühlt, dieses gefahrlose Instrument durch verschiedene
Modificationen wirksamer zu machen.

Winckel hat die Befestigung des Stiftes mit einem
Faden in der Mitte eines C. Mayer'schen Ringes oder
das Unterschieben eines C. Mayer'schen Ringes, der ein Dia-
phragma von einer durchlöcherten Kautschukplatte hat, empfohlen:
indess wird dadurch der Uterus nicht genügend fixirt: denn der
Bewegungsspielraum des Stiftes ist trotzdem ein solcher, dass der-

selbe nach vorwärts, rückwärts und was beinahe immer der Fall ist, nach abwärts tritt, so dass die Knickung oberhalb des Stiftes fortbesteht.

Hildebrandt versuchte den einfachen Regulator in der Weise festzustellen, dass er den Knopf desselben hinter oder vor einen in die Vagina eingelegten Ring brachte, je nachdem er aus einer Retroflexion eine Anteversion oder , aus einer Anteflexion eine Retroversion momentan bilden wollte, um dadurch den Uterus allmählig in seine normale Lage zurückzuführen; indess hat sich dieses Verfahren nicht bewährt, da der Ring seine Lage nicht dauernd einhält und sich zwischen Scheidentheil und Knopf eindrängt und dadurch der Regulator mehr minder tief vom Uterus herabgezerrt wird.

Die von einigen Autoren (Faye) gemachten Versuche, den Regulator auch vom Perinäum aus durch Schwamm oder Luftkissen zu stützen, sind, da sie ein günstiges Resultat nicht lieferten, wieder aufgegeben worden.

Praktischer als die bisher genannten ist das von Schröder*) 1872 empfohlene Verfahren. Derselbe benützt zur orthopädischen Behandlung ebenfalls den einfachen Regulator, aber in einer Weise, dass er sowohl bei Versionen als bei Flexionen den Uterus wenigstens momentan in seine normale Lage zurückzubringen vermag, ohne dadurch irgend welche Reizung des Organs hervorzurufen. Sein Verfahren ist nach seiner Angabe Folgendes: Nachdem das intrauterine Stäbchen in die Uterushöhle eingeführt, legt er bei der Retroflexion zwischen die vordere Scheidenwand und den Knopf des Stiftes — bei der Anteflexion zwischen der hinteren Scheidenwand und den Knopf — so lange Wattebäusche, bis der Knopf gegen die hintere Vaginalwand gedrängt liegt. Ein letzter Wattetampon wird dann vor den Knopf gelegt, um ein Sinken desselben zu verhindern. Auf diese Weise wird der Uterus, da der Scheidentheil nach hinten gedrängt wird und der durch den Stift gestreckte Körper sich nicht beugen kann, leicht antevertirt, so dass der Druck der Bauchpresse auf die hintere Wand des Organs fällt.

---

*) Sammlung klinischer Vorträge, herausgegeben von R. Volkmann. Ueber Aetiologie und intrauterine Behandlung der Deviationen des Uterus nach vorn und hinten von Schroeder. Leipzig 1872.

Wird der Uterus mehrere Wochen hindurch in dieser antevertirten Lage erhalten, so gewöhnt er sich so daran, dass er, auch wenn der Apparat entfernt ist, nicht mehr nach hinten umknickt, oder dass doch wenigstens nur sehr allmählig die frühere Lageabweichung eintritt.

Das Verfahren S c h r o e d e r's ist zwar ungefährlich und eignet sich für die orthopädische Behandlung der Anteflexion wie der Retroflexion, indess wird der Stift bei demselben (durch das Einlegen von Wattebäuschen vor den Knopf des Instruments) kaum besser gestützt als durch die Befestigung desselben an dem M a y e r'schen Kautschukring nach W i n c k e l. S c h r o e d e r sucht nämlich durch einen kurzen Hebelarm zu wirken und bedarf daher zum Erfolge eines Stützpunktes, welcher durch die von ihm angegebenen Mittel nicht erreicht werden kann. Namentlich nicht bei vorwaltenden hochgradigen Flexionen, welche der Aufrechthaltung einen stärkeren Widerstand entgegensetzen. Die Wattebäusche bleiben nämlich nach seinem eigenen Eingeständnisse nicht ganz genau so liegen, wie sie eingelegt wurden, so dass sie aus diesem Grunde t ä g l i c h gewechselt werden müssen. Die Nothwendigkeit der täglichen örtlichen Behandlung, wie sie bei der S c h r ö d e r'schen Methode vorhanden, ist eine grosse Unannehmlichkeit, da die Kranken sich nicht leicht herbeilassen dürften, Monate lang sich t ä g l i c h in der angegebenen umständlichen Weise behandeln zu lassen. Das S c h r ö d e r'sche Verfahren dürfte daher nur in leichteren, noch nicht lange bestehenden Fällen, in welchen wegen des relativ geringen Gegendruckes die von ihm empfohlene Stütze genügt und die Cur wegen ihrer kurzen Dauer die Geduld der Kranken auf keine zu harte Probe stellt, eine vortheilhafte Anwendung finden.

Mit wenigen Worten müssen wir noch einige Mittel erwähnen, welche ausserhalb des Uterus (ohne Intrauterinpessarium) angewendet, dessen Form und Lage verändern sollen. Hieher gehören 1) die besonders von S c a n z o n i lebhaft empfohlene elastische Bauchbinde (Ceinture hypogastrique); 2) die in die Vagina eingelegten Schwämme und Charpiebäusche; 3) die von H u g i e r und F a v r o t bei Rückwärtsneigungen und Beugungen empfohlenen, mit Salbe überzogenen Charpiekugeln oder Gummiballons, welche in das Rectum eingebracht werden sollen; 4) endlich die von H o d g e*)

---

*) Hodge, on diseases peculiar to women. Philadelphia 1860.

und Hewitt empfohlenen ovalen, über den Rand gebogenen Ringe und Halbringe (hufeisenförmige Ringe) von Hartgummi, Guttapercha, Blei- oder Kupferdraht mit schwarzem Kautschuküberzug. Was nun den Werth der elastischen Bauchbinde anlangt, so darf derselbe nicht unterschätzt werden, namentlich bei der Anteversio und Flexio uteri. Dieselbe vermindert die nachtheiligen mechanischen Wirkungen der durch Husten, Niesen, rasches Gehen, durch Heben einer schweren Last angestrengten Bauchpresse auf die Unterleibsorgane und mittelbar auf den abnorm empfindlichen Uterus, indem sie denselben vor stärkeren, passiven Bewegungen und Zerrungen schützt. Eine der Lageabweichung durch die Anwendung des Beckengürtels direct zu Gute kommende Wirkung kann nicht angenommen werden, ausser bei der gleichzeitig vorgenommenen internen mechanischen Behandlung, während welcher die Fixation der Baucheingeweide und mittelbar des aufgerichteten Uterus nur von Vortheil sein kann. Wenn schon die Anwendung der Schwämme, Charpiebäusche, Gummiballon in Verbindung mit dem einfachen Stifte als Lage verbesserndes Mittel ungenügend sich erweisen, so lässt sich um so weniger ein Erfolg von der Anwendung derselben ohne Verbindung mit dem einfachen Regulator erwarten.

Das von Huguier und Favrot einige Male versuchte Hinaufschieben von mit einer Salbe überzogenen Charpiekugeln oder Gummiballons in das Rectum, um den retrovertirten oder retroflectirten Uterus dadurch nach vorne zu drängen, würde nur dann vielleicht empfehlenswerth sein, wenn das Rectum gegen derartige Reize so wenig empfindlich wäre als die Vagina und wenn nicht Stuhlentleerungen durch dasselbe erfolgen müssten.

Die Hodge'schen Ringe und Halbringe haben wir ziemlich häufig angewendet und sind über den Werth derselben zu folgender Anschauung gekommen. Wenige Versuche mit den an dem einen Ende offenen, hufeisenförmigen Instrumente genügen, die ziemlich allgemein constatirte Thatsache zu bekräftigen, dass dieselben, wenn sie fest genug an den Wandungen der Scheide anliegen, so dass sie wirken können, schlecht vertragen werden. Da dieselben ausserdem irgend welche Vortheile vor den geschlossenen, ovalen nicht voraus haben, so ist es einleuchtend, dass nur letztere eine weitere Berücksichtigung verdienen. Mit Bezug auf diese stimmen unsere Erfahrungen mit jenen Scanzoni's überein, dass sie nicht als Radicalmittel betrachtet werden können. Heilung einer Flexion durch die Monate lang fortgesetzte Anwendung derselben konnten wir nie beobachten, ja wir fanden den Uterusgrund nach der jedesmaligen Entfernung derselben, wenn die Kranke nur ein paar Male das Zimmer auf- und abgegangen war, stets in die frühere Lage herabgetreten. Auch aus theoretischen Gründen lässt sich eine so weit gehende Wirkung derselben, wie Martin und Braun sie gefunden haben wollen, wohl schwer erklären. Der Ring, wenn noch so stark über den Rand gebogen, müsste auf der einen Seite an den Wänden der Vagina ausserordentlich fest aufsitzen. Die Erfahrung lehrt aber, dass in der Vagina zum Behufe des Zurückhaltens des prolabirten Uterus ausserordentlich fest aufsitzende Ringe allmählig Läsionen und Ulcerationen der Vaginalwände hervorrufen, wenn sie andauernd das Gewicht des auf seine höher gestellte Seite aufruhenden Uterus in unveränderter Lage aushalten sollen. Das Wichtigste scheint uns indess, dass auf diese Weise der Uterus mehr in seiner Totalität in die Höhe und nach der entgegengesetzten Seite hin gedrängt wird, da ja der Cervix nicht fixirt ist. Indem wir den Hodge'schen Hebelpessarien — Braun heisst sie richtiger Hebepessarien — einerseits den Character von Radicalmitteln ganz absprechen, anerkennen wir andererseits ihren Nutzen, welchen sie als Palliativmittel gewähren, vollkommen an, und wenden sie gerne in jenen Fällen an, in welchen eine interne mechanische Behandlung aus irgend einem Grunde, welcher selbstverständlich nicht zugleich auch für sie gilt, unzulässig oder unausführbar ist. Sie heben den Uterus in leichtem Grade, fixiren ihn und vermindern dadurch den Druck des Grundes auf die Harnblase und hintere Beckenwand. Auf diese Weise wird mancher Kranken eine wesentliche Erleichterung zu Theil.

Wenn wir nun die bisher geschilderten einzelnen Verfahrungsweisen der mechanischen Behandlung des Uterus übersehauen, so finden wir, dass für die intrauterine mechanische Behandlung nur die zwei von Simpson in die Praxis eingeführten aus Metall bestehenden Kniekungsinstrumente, welche Martin vortheilhafter Weise aus Elfenbein und Holz fertigen liess und mit dem Namen einfacher und federnder Regulator belegte, als unschädlich und zugleich in einigen Fällen wirksam betrachtet werden können; während bei der extrauterinen mechanischen Behandlung die ovalen, geschlossenen, über den Rand gebogenen Ringe von Hodge sowie die Ceinture hypogastrique mit einigem Vortheil angewendet werden. Da aber auch durch diese Instrumente nur in einer geringen Anzahl von Fällen ein wesentlicher Erfolg erzielt werden kann, so muss das Bestreben, ein mehr brauchbares Instrument zu erfinden, gewiss als gerechtfertigt erscheinen.

Wir haben nun seit Jahren mit einem neuen, sehr einfachen Knickungsinstrumente zahlreiche Versuche gemacht und glauben aus den gewonnenen Erfahrungen zu weiteren Experimenten mit demselben aufmuntern zu dürfen.

Die ersten Versuche machten wir mit demselben 1869 theils in unserer gynäkologischen Poliklinik, theils in der Privatpraxis und haben sie bis zum heutigen Tage fortgesetzt. Das Instrument ist ein Stift aus Hartgummi mit einer länglich rundlichen Platte an der Stelle des Knopfes des einfachen Regulators. Der Stift hat eine zwischen 5,5 Ctm. und 8 Ctm. variirende Länge, um für die einzelnen Grade der Vergrösserung des Uterus zu passen, ist oben und unten gleich dick, am oberen Rande leicht sich verkleinernd und abgerundet, während er unten in die Platte übergeht; diese hat eine Länge von circa 3 Ctm. und eine Breite von 2 Ctm., der Rand ist überall abgerundet und oben, wo die Platte an den äusseren Muttermund zu liegen kommt, dicker, 0,5 Ctm. dick, damit der Druck des breiten Randes auf die Muttermundslippen leichter ertragen wird. Das ganze Instrument ist polirt. Ich habe mir nicht bloss Instrumente mit verschieden langem Stifte, sondern auch mit verschieden dickem Stifte machen lassen, um bei besonderer Enge des inneren Muttermundes und der Uterushöhle den mechanischen Zweck zu erreichen, ohne die Uterushöhle dadurch gewaltsam ausdehnen zu müssen. Die Anwendung des Instrumentes geschieht in der Weise, dass der Stift in die Uterushöhle soweit hinaufgeschoben wird, bis der Rand der Platte am äusseren Muttermunde aufliegt; dann wird bei der Anteversion oder Flexion zwischen der hinteren Vaginalwand und Platte, bei der Retroversion und Flexion zwischen vorderer Vaginalwand und Platte Watte eingeschoben, um den Uterus entsprechend festzustellen.

Dieses von mir 1869 zuerst versuchte neue Verfahren habe ich schon in meinem Berichte „über die Leistungen der gynäkologischen Poliklinik zu München von 1868 bis 1871" im ärztlichen Intelligenzblatte publicirt. Dass das Bedürfniss nach einfachen intrauterinen Hebelpessarien immer mehr fühlbar wurde, wird durch

Schröder's Verfahren, welches 1872 in der Sammlung klinischer Vorträge von Volkmann veröffentlicht wurde, bewiesen. Schröder benützt den einfachen Regulator Simpson's zur Aufrichtung und Feststellung des Uterus in seine normale Lage, indem er Wattekugeln vor oder hinter den Knopf des Instrumentes und an das entsprechende Scheidengewölbe bringt, um dadurch den Stift des Regulators in der nöthigen Richtung zu erhalten.

Wir wollen nun die Unschädlichkeit unseres Instrumentes, welches im wahren Sinne des Wortes ein „intrauterines Hebelpessarium" ist sowie dessen entschiedene Wirkung durch die sichere und unschädliche Stütze, welche es in der Vagina findet, darthun und dann zur Art der Anwendung desselben übergehen.

Es kann keinem Zweifel unterliegen, dass nur die einfachen Stifte (Regulatoren) unter bestimmten Bedingungen ohne Nachtheil für die Kranke angewendet werden können, während die an einem hölzernen oder elastischen Pessarium befestigten, respective von demselben getragenen einerseits schwer anwendbar und unzuverlässig sind, andererseits ähnlich wie die gegen Hysteroptosis angewendeten Pessarien bei längerem Liegen durch den anhaltenden Druck der Vagina anfänglich Erosionen und später tief gehende und ausgedehnte Ulcerationen hervorrufen. Liegt ferner das Pessarium in der Vagina so fest an, dass es seine Stelle behauptet, so erleidet die Kranke bei stärkeren Bewegungen der Bauchpresse, welche auf den durch den Stift aufgerichteten Uterus wirkt, Reizungen des letzteren, welche im geraden Verhältnisse stehen zur Empfindlichkeit des Organs und Entzündung veranlassen können. Die durch einen Gummiballon in der Scheide festsitzenden Intrauterinpessarien machen zwar keine Beschwerden, bieten aber erfahrungsgemäss zu wenig Halt, indem die Gummiblase schon nach einigen Tagen unter der Einwirkung der hohen Temperatur sowie der Feuchtigkeit der Vagina weich und nachgiebig wird und daher sich senkt oder wenigstens oben, wo der Stift befestiget ist, ein Abbiegen desselben leicht zulässt, so dass dann der Uterus seine frühere abnorme Lage wieder ungehindert einnehmen kann.

Unser Instrument (s. Fig. VII a. b. c.), das, wie oben angegeben, aus einem einfachen Stifte besteht, welcher zur Aufrichtung des Uterus (zur Umwandlung einer Flexion in eine Version) dient, und welches anstatt des unten angebrachten Knopfes der einfachen

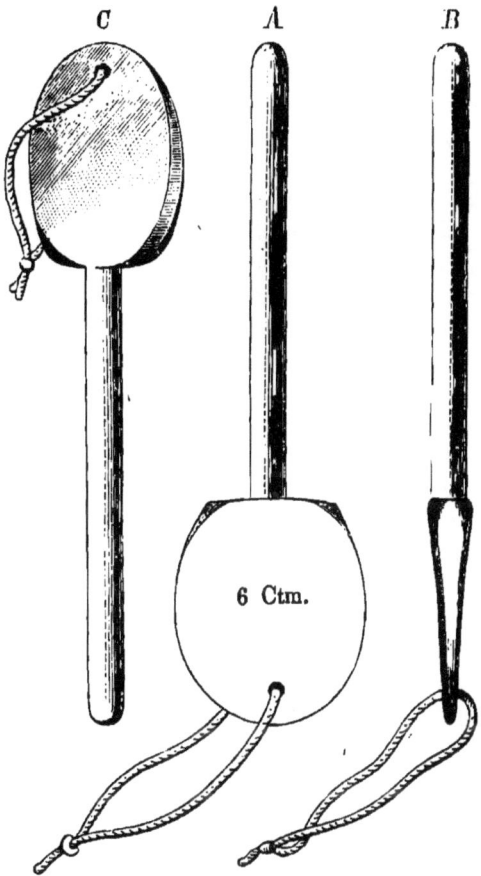

Fig. VII.

Regulatoren eine länglich rundliche Platte hat, welche durch Einlegen von Watte vor oder hinter dieselbe beliebig gestellt und dadurch den Uterus je nach Bedürfniss mehr nach vorne oder mehr
nach hinten bewegen kann, dürfte, wenn es unter den oben angegebenen Bedingungen für die intrauterine mechanische Behandlung
und mit gehöriger Auswahl der Länge wie der Dicke des Stiftes
angewendet wird, nie erhebliche Beschwerden verursachen und bei
entsprechender Ausdauer von sicherem vorübergehenden oder dauernden Erfolge begleitet sein. Der Stift des aus Hartgummi gefer-

tigten Instrumentes ist von verschiedener Länge (von 5 Ctm. bis 8 Ctm.) und verschiedener Dicke (von 0,3 bis 0,5 Ctm. im Durchm.): er muss stets um 0,5—1,0 Ctm. kürzer sein als die durch die Gebärmuttersonde genau bestimmte Länge des Uteruscavum, damit nicht bei einer in Folge stärkeren Druckes auftretenden Verkürzung des Organs die Spitze des Instrumentes das Endometrium des Grundes durch Contact reizt. Indess soll der Stift nicht über das Maass eines Ctm. kürzer sein, da sich sonst die Hebelwirkung des in das Uteruscavum eingeführten Hebelarmes auf einen zu kleinen Theil des Organs erstreckt und dadurch auf diesen unnöthiger Weise einen stärkeren Druck ausübt und möglicher Weise zu Endometritis Veranlassung geben könnte.

Die Dicke des Stiftes richtet sich nach der Weite der Uterushöhle im speciellen Falle. Ist das Uteruscavum weit und wir benützen einen relativ dünnen Stift, so hat dieser einen so grossen Spielraum in seiner Bewegung, dass er bei stärkerer Fixirung von der Scheide aus mit seiner Spitze entweder nach der vorderen oder nach der hinteren Wand gedrückt wird, und auf diese Weise nicht mehr der ganze Stift, sondern nur die Spitze desselben als Hebelarm wirkt. Dadurch kommt es dann besonders bei stärkerer Einwirkung der Bauchpresse (z. B. durch Husten) zu Reizungen des Endometrium. Andererseits darf auch der Stift nicht zu dick sein, wodurch schon bei der Einführung desselben unnöthige Reizungen des Uterus bewirkt werden. Bei ausserordentlicher Enge der Gebärmutterhöhle muss diese künstlich vorher dilatirt werden. Demnach ist ein grösserer Vorrath von verschieden grossen Instrumenten nothwendig und dürften für die meisten Fälle die 5,5—6,5 Ctm. langen und 0,3 dicken Stifte passen. Da das einzelne Instrument — zu beziehen bei Instrumentenmacher Katsch, München, Schillerstrasse — nur 30 kr. kostet, so kann diesem Bedürfnisse leicht genügt werden. Von der grössten Wichtigkeit ist es, dass wir einen passenden Stift richtig einführen. Der Einführung des Stiftes muss aber, wie dies weiter unten ausführlich begründet wird, unmittelbar vorher die Anwendung der Sonde vorausgeschickt werden.

Es gehört eine grössere Uebung dazu, mit der Gebärmuttersonde gut manipuliren zu können, und gewiss hat jeder von uns, der die Sonde schon in vielen Fällen angewendet hat, sich überzeugt, dass die technische Fertigkeit nur langsam sich erwerben

lässt. Fälle, in denen wir am Anfange unserer gynäkologischen
Thätigkeit dieses Instrument nur schwer und unter nicht unbedeutenden Schmerzen der Kranken, oder gar nicht anwenden konnten, fallen uns jetzt leicht. Es soll hier nicht ausführlich darüber
gesprochen werden, aber die wichtigeren Momente, auf die es erfahrungsgemäss beim Sondiren ankommt, dürfen wohl nicht um-
gangen werden; denn, wenn wir nicht gut sondiren, so fördern wir
die mechanische intrauterine Behandlung nicht. Den Rath Schröder's, die Anwendung der Sonde bei der Flexion, sei es nun zum
Zwecke der Diagnose derselben oder zur Aufrichtung des Uterus,
soweit als möglich zu beschränken, finden wir desshalb nicht prac-
tisch, weil unseres Erachtens bei allen Fällen von Flexionen die
Anwendung der Sonde nothwendig ist entweder zur Constatirung
der Länge des Uterus, seiner Beweglichkeit bei regelwidriger Verwachsung mit den Nachbarorganen, seiner Empfindlichkeit im Allgemeinen und des Endometrium im Besonderen oder, und dies
taxiren wir sehr hoch, zur Erleichterung der Einführung des unmittelbar darauf anzuwendenden Intrauterinpessarium. Die Diagnose
der Flexion kann, wenn keine schwierigen Complikationen vorhanden sind, allerdings leicht durch die manuelle oder bimanuelle interne Exploration gemacht werden. Die zur Messung der Länge
der Uterushöhle von Schröder vorgeschlagene, von gutem Silber
gearbeitete dünne Sonde mag in manchen Fällen ihren Zweck erfüllen, allein sie ist gewiss nicht besser, als die gewöhnliche von
Neusilber, welche sich ebenfalls nach Belieben biegen lässt; dass
aber die eine oder die andere der obengenannten Sonden ohne alle
Gewalt und ohne den Uterus aus seiner Lage zu bringen, in die Höhle
hineingeleitet werden kann, ist selbst bei grösster Geschicklichkeit
nicht immer möglich, da die Flexion oft so hochgradig ist, dass die
nach der Form des Uterus gemachte Biegung der Sonde ein Einführen derselben sehr erschwert, bisweilen ganz unmöglich macht,
so dass also die Sondenbiegung stets ein gewisses Maass nicht über-
schreiten darf; ferner verfangen sich kleine Sonden leichter in den
Falten des Endometrium; endlich ist es jedenfalls nothwendig,
mit dem einmal eingeführten Instrumente das Organ aufzurichten,
um über Gegenwart oder Abwesenheit von Adhäsionen aufgeklärt
zu werden und den innern Muttermund für das Einführen des Pessarium zu erweitern, da dieses keine so sichere Handhabe besitzt wie die Sonde, und daher schwierig, bisweilen überhaupt nicht

eingeführt werden kann, wenn nicht unmittelbar vorher der Uterus mittelst der Sonde aufgerichtet wurde. Es ist wohl leicht begreiflich, dass der gerade Stift des Intrauterinpessariun leichter in eine erweiterte und momentan wenigstens gerade verlaufende Uterushöhle eindringt, als in eine umgebogene, an der Knickungsstelle sehr enge. Wir erinnern uns an mehrere Fälle von hochgradigen Flexionen, wo also der Kanal an der Knickungsstelle sehr eng war, und wir ohne vorherige Anwendung der Sonde trotz aller möglichen Manipulationen nicht in der Lage waren, das Knickungsinstrument einzuführen. Schröder will, nachdem er die Spitze des Pessarium bis an den inneren Muttermund vorgeschoben, durch eine ganz einfache Manipulation in denselben eindringen, indem er den unteren Theil desselben (Knopf) nach der der Flexion entgegengesetzten Richtung (bei Anteflexio also möglichst stark nach hinten und oben, bei Retroflexio nach vorne und oben und dadurch selbst bei spitzwinkeliger Knickung den Cervix bei veränderter Lage des Körpers) so stellt, dass sein Kanal annähernd in derselben Richtung verläuft wie der des Körpers. Wenn man dies erreicht habe, gleitet das Stäbchen ohne weiteren Widerstand in die Höhle des Uterus hinein. Dieses Verfahren hält Schröder für das ungefährlichste, weil der Uteruskörper, der in seiner Lage bleibt und in den das Stäbchen ohne Widerstand hineingleitet, absolut nicht dabei gereizt wird. Diese Art der Einführung genügt nach meiner Erfahrung nur in Fällen mit relativ weitem Cervix und bei wenig sensiblen Individuen, aber in vielen Fällen reicht die grösste Geduld von Seite des Arztes und der Kranken nicht aus, damit zum Ziele zu kommen, und wenn auch nicht direct der Uterus, so würde dann der Cervix um so mehr maltraitirt. Man möchte von vorne herein denken, der Cervix sei leichter zu dislociren und in seine normale Lage zu bringen als der Körper, aber es gelingt häufig nicht, dem Cervix künstlich eine solche Richtung zu geben, dass sein Kanal annähernd in der Richtung der Uterushöhle verläuft oder mit anderen Worten, dass ein Intrauterinpessarium eingeführt werden könnte. Nach Schröder müssten wir aus der Flexion zum Zwecke der Einführung des Pessarium eine Version machen; hat man eine hochgradige Flexion — und weitaus die Mehrzahl von jenen, welche eine intrauterine Behandlung erfordern, sind solche — so muss, da ja nach Schröder der Körper in seiner Lage nicht verändert werden darf, eine hochgradige Version daraus gemacht werden, so dass also bei vorhandener Anteflexion die Vaginalportion künstlich gegen die Kreuzbeinaushöhlung und bei Retroflexion hinter die Symphysis ossium pubis gerichtet wird. Es ist uns nicht begreiflich, dass solche künstlich erzeugte mechanische Bedingungen die Einführung eines Stäbchens wesentlich erleichtern sollen, da weder in der Kreuzbeinaushöhlung, noch weniger hinter der Symphyse eine in der Richtung des Cervix genügend verlängerte Linie des Uteruscavum, wie sie für die Einführung des Stäbchens nothwendig ist, gedacht werden kann. Geradezu unmöglich wäre dieses Verfahren bei der Anwendung unseres, noch um einige Centimeter längeren Instrumentes.

Ein weiterer Einwand gegen das Verfahren Schröder's ergibt sich aus den anatomischen Veränderungen an der Knickungsstelle, wo durch Wulstung und Verdickung der Mucosa der vorderen bei der Ante- und der hinteren Wand bei der Retroflexion eine bedeutende Verengerung des ohnehin in dieser Gegend engen Kanals bewirkt wird. Auf diese Weise ist der Einführung ein Hinderniss gegeben, welches durch die Anwendung des geraden Stiftes überhaupt nicht oder nur sehr schwer überwunden werden kann. Gerade da erweist sich die vorausgeschickte Anwendung der Sonde als ein gutes Vorbereitungsmittel. Die Sonde schadet nie in der Hand eines vorsichtigen und führt beinahe stets zum Ziele in der Hand eines geübten Arztes. Man darf nur nicht mit Gewalt etwa bestehende Hindernisse überwinden wollen. Es ist dringend zu rathen, nach mehrfachen, fruchtlos gemachten Versuchen auf weiteres Sondiren zu verzichten und dasselbe erst wieder zu erneuern nach künstlicher Erweiterung des Cervix. Ein wesentlicher Vortheil beim Sondiren besteht nach unseren sehr ausgedehnten Erfahrungen darin, dass man den stark geknickten Uterus während des Einführens der Sonde aufrichtet, was am Besten dadurch geschieht, dass der Zeigefinger der noch freien Hand durch die entsprechende Parthie des Scheidengewölbes hindurch den Uterusgrund in die Höhe und nach der der Flexion entgegengesetzten Seite hindrängt. In der Seitenlage lassen sich diese Manipulationen gemeinhin am leichtesten ausführen; in besonders schwierigen Fällen suche man in stehender Stellung der Kranken zum Ziele zu kommen. In einigen Fällen von Anteflexio uteri, in welchen die Einführung der Sonde lange nicht gelang, kamen wir bei der Rückenlage der Kranken durch einen mit der freien Hand über der Symphysis os-

sinn pubis ausgeübten, den flectirten Uterus allmählig nach aufwärts schiebenden Druck von vorne nach oben und rückwärts zum
Ziele. Eine starke Abbiegung der Sonde, um bei hochgradigen
Knickungen — wie das gewöhnlich empfohlen wird — das Instrument leichter einführen zu können, leistet den Erfolg nicht und
ist auch bei unserer Art des Sondirens zweckwidrig, weil ja durch
die eben angegebene Aufrichtung des flectirten Uterus der Knickungswinkel nahezu ausgeglichen wird. Wir wenden lediglich die
gewöhnliche Uterussonde von Neusilber (nach Kiwisch) an und
finden dieselbe viel practischer als die von Sims, welche schwieriger einzuführen und nicht geeignet ist, das Uteruscavum zu mes-
sen. Ueberhaupt sind die Vorzüge, welche Sims seinem Instrumente vindicirt, von zweifelhaftem Werthe.

Ein weiterer Grund, warum wir vor Einführung unseres Hebelpessarium die Aufrichtung des Uterus durch die Sonde befürworten,
liegt darin, dass wir durch dieselbe neben der Länge des Organs auch dessen Verhältniss zu den Nachbarorganen bestimmen
und bei etwa vorhandenen Verwachsungen mit denselben den Grad
der Beweglichkeit feststellen können. Dieses Moment ist von der
allergrössten Wichtigkeit, denn wenn die Beweglichkeit des Uterus sehr beschränkt ist — was übrigens nur äusserst selten der
Fall sein dürfte — so dass dessen Geradestellung nicht möglich
ist oder heftige und andauernde Schmerzen hervorruft, so muss
auf die intrauterine Behandlung verzichtet werden. Endlich weisen
wir durch die Anwendung der Sonde viel leichter die Durchgängig-
keit und den Grad der Enge des Cervix nach, als durch das
schwieriger einzuführende Pessarium, welchem die bequeme Handhabe sowie die Biegung fehlt.

Nach den eben gemachten Auseinandersetzungen ist zur internen mechanischen Behandlung die vorherige Sondirung einerseits
zur Sicherstellung der pathologisch anatomischen Veränderungen
des Uterus, andererseits als vorbereitende und die mechanische Behandlung unterstützende Methode unbedingt nothwendig. Wir betrachten daher die Sondirung als einen integrirenden Bestandtheil
des mechanischen Kurverfahrens und setzen bei allen Aerzten, welche das letztere in ungefährlicher und erfolgreicher Weise ausführen wollen, eine gewisse Dexterität in der Anwendung der Sonde
voraus, ja wir gehen sogar soweit, zu verlangen, dass, wer mit
der Sonde nicht umzugehen weiss, im Interesse der Humanität, im

Interesse der ärztlichen Wissenschaft und im Interesse der mechanischen intrauterinen Curmethode es unterlassen soll,
zum mindesten nutzlose Experimente zu machen.
Was nun die Anwendung unseres Hebelpessarium anlangt, so
mag Folgendes hervorgehoben werden.
Das Instrument muss für den speciellen Fall passen, d. h.
der Stift desselben, da die Platte für alle Instrumente so ziemlich die gleiche Grösse hat. Der Stift muss, wie früher angegeben und motivirt worden, um 0,5—1,0 Ctm. kürzer sein als die
Uterushöhle und muss seine Dicke der Weite des Cavum uteri ent-
sprechen. Man schiebt unmittelbar nach der Entfernung der Uterussonde, wo also die Gebärmutter noch vollkommen in der durch
die Kunst zur Norm zurückgeführten Lage sich befindet, das
Intrauterinpessarium unter Leitung des Zeigefingers der einen
Hand mit seiner Spitze in den äusseren Muttermund ein, indem
man die Platte desselben am Introitus vaginae durch Daumen und
Zeigefinger oder Zeige- und Mittelfinger hält und nach aufwärts
bewegt; ist die Spitze des Instrumentes in das Orificium externum
eingedrungen, was in der Regel ohne besondere Schwierigkeit und
bei unserem Instrumente sich leichter, als bei den einfachen Re-
gulatoren macht, (weil der untere Theil der Platte noch vor dem
Scheideneingang sich befindet, wenn die Spitze des Stiftes in das
Orificium externum eintritt,) so muss der zur Leitung angewendete
Finger aus der Vagina entfernt werden, damit die beiden, die
Platte festhaltenden und das Instrument nach aufwärts drückenden
Finger der anderen Hand den nöthigen Raum in der Vagina haben. Gewöhnlich genügt dann der Zeigefinger allein bei allmählig zunehmendem Druck auf den unteren Rand der Platte in der
Richtung nach der Führungslinie des Beckens das Instrument ohne
wesentliches Hinderniss oder Schmerz vollständig, d. h. so einzuführen, dass der Uterus gestreckt ist und der obere dickere
Rand der Platte an dem äusseren Muttermunde anliegt.
Ist letzteres nicht der Fall, so kann die Einführung des Instrumentes nicht als vollendet betrachtet werden und darf dasselbe,
da dessen Spitze an irgend einer Stelle des Endometrium ange-
drückt erscheint, nicht festgestellt werden durch Einschieben von
Wattetampon in die Vagina, weil es dadurch zu mechanischer Reizung des Endometrium käme. In solchen Fällen muss das Pessarium, wenn wiederholte Manipulationen ein vollkommenes Hinein-

4 *

schieben desselben nicht bewirken, wieder entfernt und die Ursache des Hindernisses gesucht und beseitiget werden. Hie und da ergeben sich, wenn die Spitze des Instrumentes am Orificium uteri internum — an der Knickungsstelle — angekommen, erhebliche Widerstände, welche nur allmählig und häufig nicht ohne besondere, allerdings transitorische Schmerzen überwunden werden können. In solchen Fällen muss man durch Druck der noch freien Hand äusserlich (durch die Bauchdecken hindurch) den Uterus fixiren, damit derselbe nicht bei vermehrtem Druck auf das Pessarium, dessen Spitze an der Enge des inneren Muttermunds einen bedeutenden mechanischen Halt gefunden, einfach nach aufwärts geschoben werde, oder man muss, wie bei erschwertem Sondiren wo möglich — wenn eine Anteflexio vorliegt — durch tiefen Druck hinter der Symphyse den anteflectirten oder antevertirten Uterusgrund nach aufwärts und gegen die Beckenachse hindrängen oder innerlich durch Druck auf das durch den Fundus uteri belastete Scheidengewölbe, den dem Eindringen des Stiftes entgegenwirkenden Knickungswinkel auszugleichen suchen, aber gleichzeitig durch Fassung der Platte mittels einer Kornzange — der Finger hat ja in letzterem Falle in der Vagina keinen Platz mehr — und Hinaufschieben derselben zum Ziele zu kommen trachten. War die Wirkung des Sondirens keine nachhaltige oder mit anderen Worten, ist die Flexion nach Entfernung der Sonde wieder eingetreten und gelingt es nicht, den Stift über den inneren Muttermund hinaufzuführen, so versuche man zuerst einen dünneren Stift und wenn auch dieser Versuch misslingt, erweitere man den Cervix mit Laminaria digitata, worauf dann die Einführung des Instrumentes leicht ausgeführt werden kann.

Es ist unzulässig, neben der in das Uteruscavum eingeführten Sonde den Stift des Hebelpessarium hinaufführen zu wollen, wie es von Hildebrandt und Winckel aber nur für jene Fälle, in welchen die Uterushöhle und die Gegend des inneren Muttermundes eine genügende Weite besitzt, empfohlen wird. In solchen Fällen gelingt ja die Einführung des Stiftes ohne Sonde sicherlich ebenso leicht, wenn nicht leichter. Bezüglich der Lage, welche Patientin während der Einführung des Pessarium einnehmen soll, gilt gemeinhin dasselbe wie beim Sondiren; man wird eben auch in der Seitenlage am leichtesten manipuliren.

Ist der Stift des Instrumentes ganz in das Uteruscavum eingedrungen, so dass der obere dicke Rand der Platte an dem äusseren Muttermund anliegt, so wird durch zweckentsprechende Einstellung der Platte — unter gewöhnlichen Verhältnissen muss deren Mittellinie mit der verlängerten Linie der normal stehenden Portio vaginalis zusammenfallen — der Uterus in seine normale Lage gebracht und darin erhalten durch Ausfüllen des Raumes der Vagina vor, hinter und unter derselben mit Wattetampon und Wattekugeln. An die Seite, gegen welche die Platte in Folge der Lageabweichung des Uterus hingedrängt wird — also bei Anteflexio uteri an die zwischen Platte und hintere Scheidenwand gelegene, bei Retroflexio und Retroversio umgekehrt — wird ein längerer Wattetampon von entsprechender Grösse, welcher mit verdünnter Glycerin-Tannin-Lösung (Glycerin, Aqu. destill. aa 20,0, Tannin 1,0) getränkt ist, schräg bis an den Fornix vaginae hinaufgeschoben, so dass durch denselben die Platte die oben angegebene, für die normale Lage des Uterus nothwendige Stellung dauernd einnimmt. Das Einführen des Tampon geschieht am besten durch ein Speculum (Milchglas-Speculum von Mayer erfüllt den Zweck vollkommen), welches nach Bedürfniss vor die Platte oder hinter dieselbe hinaufgeschoben wird. Man muss aber, wenn das Speculum bis zum unteren Rande der Platte vorgedrungen, diese mittels des Zeige- und Mittelfingers der freien Hand vor, beziehungsweise hinter dasselbe drängen, während der schon mit dem Tampon versehene Spiegel gleichzeitig weiter hinaufgeschoben wird; dann wird der Tampon in gewöhnlicher Weise durch eine Sonde möglichst hoch hinaufgeschoben und hierauf der Spiegel entfernt. Nun liegt der Tampon gewöhnlich ziemlich gerade hinter oder vor der Platte, so dass diese leicht nach der einen oder anderen Seite desselben abgleiten kann; um diess zu verhüten, stelle ich den Tampon etwas schräg und wenn er relativ kurz ist, nahezu quer, — hiezu ist die Anwendung der Sonde, durch welche die nach einer Seite des Tampon abgerutschte Platte mit Leichtigkeit emporgehoben werden kann, meist unentbehrlich — damit die Platte nach keiner Seite hin ausgleiten kann; der freie Raum auf der anderen Seite der Platte wird durch einen kleineren Wattetampon und das unter der Platte liegende Drittttheil der Vagina ebenfalls durch einen entsprechend grossen Wattetampon und Wattekugeln, welche in die gleiche Tannin-Glycerin-Lösung getaucht sind, ausgefüllt, so dass also die ganze Vagina mit Wattetampon ausgestopft ist, in deren

Mitte die Platte unsers Hebelpessarium wie eingebettet erscheint.
Die Anwendung des Speculum zur Einbringung der Wattetampons
ist zwar nicht absolut nothwendig, aber räthlich, weil der von
Tannin-Glycerin-Lösung durchfeuchtete Tampon durch die Manipulationen ohne Speculum ausgepresst wird. Durch die die Platte
in bestimmter Richtung fixirende Ausfüllung der Vagina in der
oben angegebenen Weise wird der Uterus in seiner normalen Lage
erhalten, wobei derselbe durch die Nachgiebigkeit der Watte und
die Dehnbarkeit der Scheidenwandungen einen Bewegungsspielraum
hat, welcher dem normalen nahe kommen dürfte. Durch diesen
Umstand wird selbst die durch stärkere Anstrengungen der Bauchpresse auf den künstlich zur normalen Stellung zurückgeführten
und in derselben erhaltenen Uterus ohne Reaction bleiben und
diess um so mehr, als die Spitze des Stiftes den Grund nicht be-
rührt und kein so dicker Stift genommen wurde, dass derselbe
eine anhaltende Zerrung der Mucosa des Uterus bewirken könnte.
Der Druck, welchen der Stift bei der Neigung und Beugung nach
vorne auf die hintere, bei jener nach hinten auf die vordere Wand
des Endrometrium ausübt, stellt sich dadurch, dass er auf die
ganze Länge derselben sich vertheilt, als ein verhältnissmässig geringer dar. Um einen unnöthig starken Druck durch den Stift zu
vermeiden, stellen wir nur in jenen Fällen den Uterus durch unser
Hebelpessarium in seine physiologische Lage ein, in welcher dieses
Manoeuvre ohne besondere Schwierigkeiten und Schmerzen ausführbar ist; ist diess nicht der Fall, oder bedingt die künstliche Lageveränderung nachhaltige Beschwerden oder Schmerzen, so begnügen
wir uns, die Lageanomalie allmählig zu heben, d. h. wir stellen
die Platte unseres Instrumentes anfänglich so, dass aus einer entschiedenen Vorwärtsneigung oder Beugung eine leichte Anteversion
wird, und ebenso verfahren wir bei den Retroversionen und Flexionen. Später lässt sich die Version dann ohne Beschwerden durch
unser Instrument ganz beheben, ja man kann dann mit Vortheil
den Uterus so stellen, dass z. B. aus einer Anteversion und Anteflexion künstlich eine Retroversion gemacht wurde, so dass der
Druck der Bauchpresse, welcher zuerst auf die hintere Wand des
Uterus gewirkt hatte, nun auf dessen vordere fällt. Dieses letztere
Verfahren kann in den Fällen von Flexionen und Versionen, in
welchen die Beweglichkeit des Uterus eine sehr bedeutende und
wenig schmerzhafte ist, bei dem Beginne der Kur angewendet

werden. Wenn man nun den Uterus Wochen oder Monate lang künstlich in normaler oder mehr in einer seiner früheren abnormen Lage entgegengesetzten Richtung erhält, so können seine durch die frühere Lageabweichung gezerrten und verlängerten Bänder sich retrahiren und auch das von Rokitansky als Stütze des Uterus betrachtete Bindegewebsstratum ist im Stande, sich zu regeneriren; endlich werden sich die ihn umgebenden Beckeneingeweide so lagern, dass er auch nach der Entfernung des Intrauterinpessarium seine normale Lage entweder mehr minder vollkommen behält, oder — und das dürfte nur selten der Fall sein — erst allmählich wieder zu seiner früheren abnormen Lage zurückkehrt.

Man könnte vielleicht unserer Methode den Vorwurf der Umständlichkeit machen und deren Sicherheit anzweifeln. Die Hauptschwierigkeit bei der intrauterinen mechanischen Behandlung gehört stets dem ersten Theile der Operation, d. h. dem Einführen des Stiftes (Stäbchens) an; diese ist bei unserem Instrumente mindestens ebenso leicht und einfach, wenn nicht leichter. als bei allen bisher bekannten Intrauterinpessarien; das zweckentsprechende Einbringen von Wattetampons ist bei einiger Uebung ebenfalls in einigen Minuten geschehen. Dadurch, dass wir die Tampons in die oben angegebene Tanninglycerinlösung tauchen, bewirken wir einerseits eine Contraction und wesentliche Verengerung der Vagina, wodurch dieselbe mehrere Tage unverändert ihre Lage behalten, also eine sichere Stütze für das Hebelpessarium abgeben, andererseits wird dadurch jede Reizung oder stärkere Hypersecretion der Scheide hintangehalten.

Von Abstossungen des Epithels, Erosionen, Papillarwucherungen, u. a. m., wie sie Martin durch Einlegen von Schwämmen, Charpiebäuschen, welche aber nicht in die mehrerwähnte Lösung getaucht waren, erwähnt, kann hier nicht die Rede sein, selbst wenn die Wattetampons — ich ziehe diese den Schwämmen vor — vier bis sechs Tage ununterbrochen in vagina liegen; dieselben wurden in allen von uns bisher beobachteten Fällen vollkommen gut vertragen. Es kann auch darüber ein Zweifel nicht obwalten, da wir bei chronischer Endometritis und Vaginitis dieselben Mittel zu therapeutischen Zwecken erfahrungsgemäss Monate lang nicht nur ohne irgend welche unangenehme Nebenwirkung, sondern mit dem besten Erfolge anwenden. Die Entfernung der Tampons erfolgt jeden dritten oder vierten Tag ohne Entfernung des Pessarium und werden dann dieselben sofort durch neue ersetzt. Wir haben das Pessarium stets in der ihm angegebenen Lage gefunden. Eine Kranke kam erst 10 Tage nach der Einführung des Pessarium wieder in die Poliklinik, wo wir die Tampons ebenfalls in normaler Lage, also auch das Knickungsinstrument so fanden, wie es eingeführt war. Nur während der jedesmaligen Menstruation lassen wir im Gegensatze zu Anderen, das Instrument nicht tragen, weil wir einerseits den Abgang des Menstrualblutes nicht hemmen wollen, und andererseits der Ueberzeugung sind, dass die während jener Zeit vorhandene Hyperämie und Auflockerung des Parenchyms wie der Mucosa des Uterus einen Druck auf diesen unter Umständen schädlich erscheinen lasse. Ein paar Tage nach dem Aufhören der Periode wird, nachdem mehrere reinigende Injectionen von lauem Wasser in vaginam gemacht worden, die mechanische Behandlung wieder fortgesetzt. Die Kranken können unmittelbar nach dem Einführen und Feststellen des Instrumentes an ihre gewohnten Arbeiten gehen, nur wird ihnen ein stärkeres Anstrengen der Bauchpresse (Tragen, Heben schwerer Lasten, Tanzen, Reiten u. A. m.) untersagt und mit Rücksicht darauf für erleichterte Stuhlentleerung möglichst gesorgt. Auch gegen etwa vorhandenen starken Husten muss entschieden angekämpft werden. Das Tragen einer passenden Leibbinde, welche den Bewegungsspielraum der Unterleibseingeweide einschränkt, dürfte besonders bei schlaffen Bauchdecken von einigem Nutzen bei der mechanischen internen Behandlung sein und namentlich dadurch direct fördernd auf die Behandlung wirken, dass die Eingeweide auf den aufgerichteten Uterus einen gleichmässigen unveränderten Druck ausüben und zu demselben eine mehr bleibende Lage einnehmen. Die Corsetten, welche den Zweck haben, eine schlanke Taille zu machen, können denselben nur dadurch erreichen, dass sie die Unterleibseingeweide nach abwärts drängen. Sie wirken dadurch sehr nachtheilig auf vorhandene Lageabweichungen des Uterus und müssen daher untersagt werden. Gleichfalls nachtheilig (durch Erschütterung der Eingeweide beim Gehen) erweisen sich die in neuerer Zeit modern gewordenen hohen Hacken-Absätze an den Stiefeletten.

Die Wirkung der internen mechanischen Behandlung — es kann hier nur von solchen Fällen die Rede sein, welche wir als für die mechanische Behandlung geeignet erachten — äussert sich je nach der Eigenthümlichkeit des speciellen Falles in verschiedenem Grade. Es gibt Fälle, in welchen schon eine mehrtägige ununterbrochene, künstlich bewirkte normale Stellung des Uterus dauernde Heilung herbeiführt. Diese Fälle sind indess selten und solche, bei welchen die Lageanomalie noch nicht lange bestanden hatte. Ferner gibt es Fälle — und diess sind die meisten — bei welchen nur eine Monate dauernde ununterbrochene Kur zur vollständigen oder unvollständigen Heilung führt; und endlich gibt es auch einige complicirte Fälle, bei welchen eine vollständige Heilung nicht erreicht werden kann; indess dürfte bei diesen doch wenigstens eine Beseitigung der lästigsten Symptome ermöglicht werden.

Fassen wir nun unsere vorstehenden Auseinandersetzungen zusammen, so ergeben sich daraus folgende Sätze:

1) Die mechanische Behandlung der Versionen und Flexionen des Uterus ist für eine grosse Anzahl von Fällen ein unabweisbares Bedürfniss, weil in denselben nur sie, entweder für sich allein oder cumulativ mit der medizinischen Behandlung, die wichtigsten und für die Kranken unangenehmsten pathologischen Erscheinungen zu beseitigen im Stande ist.

2) die mechanische Behandlung ist gefahrlos und erfolgreich, wenn sie unter gewissen Voraussetzungen (Auswahl der Fälle, eventuell Vorbereitungskur, Auswahl des Instruments) ausgeführt wird. Insbesondere muss

3) der Anwendung des Knickungsinstrumentes die Sondirung des Uteruscavum mit Aufrichtung des Organs unmittelbar vorangehen.

Belegfälle.

1) R. aus München, 27 J., war das 13. Kind schwächlicher Eltern, kräftig entwickelt, gut aussehend, sie musste indess doch anders als ihre Geschwister, welche ebenfalls mutterlos aufgezogen wurden, ernährt werden, da sie die Kuhmilch nicht vertragen konnte. Schon in der frühesten Kindheit litt sie, wie sie sich ausdrückte, an Nervenschwäche, sah, sobald es dunkelte, die wunderlichsten Figuren und Bilder. Als 3jähriges Mädchen verfiel sie nach einem heftigen Schrecken in einen Starrkrampf, aus welchem sie erst nach vier Stunden wieder erwachte; später, im Alter von 6 Jahren empfand

sie nach jeder Angst, Sorge oder Schrecken Leibschmerzen. Vom
12. bis 14. Jahre litt sie an fast ununterbrochenen Leibschmerzen
bei normalem Appetit und Stuhlgang. Mit dem 16. Jahre stellte
sich Bleichsucht ein, welche 2 Jahre andauerte. Die Menses zeigten sich zum ersten Male mit 18 Jahren; dieselben waren zwar
stark, dauerten stets 6—8 Tage, aber ohne Schmerz, und kehrten
alle 4 Wochen wieder. Im 20. Lebensjahre kamen die Erscheinungen der Bleichsucht wieder und gleichzeitig mit denselben Un-
regelmässigkeiten in der Periode, welche nun alle 14 Tage oder
3 Wochen sich einstellte, wobei blasses Blut in geringer Quantität
ausgeschieden wurde. Dieser Zustand änderte sich im 22. Lebensjahre, wo sie heirathete und bald concipirte. Die Schwangerschaft
wurde aber im dritten Monat unterbrochen, das Ei in toto ausgeschieden ohne stärkere Blutung. Aber schon nach drei Wochen
kam es zu einer profusen Metrorrhagie, welche 8 Wochen anhielt.
Nachher regelte sich die Periode wieder nahezu vollkommen mit
Ausnahme von leichten Krämpfen, welche dieselbe begleiteten.
Zwei Jahre später, im 25. Lebensjahre steigerten sich die Uteruskoliken während der Menstruation zu einer grossen Höhe, es traten
auch wieder die früher vorhandenen Unterleibsschmerzen auf, dazu
kam Fluor albus, Appetitlosigkeit und Anämie, in Folge dieser
Zustände ein hochgradiger Schwächezustand des Gesammtorganismus, so dass die Kranke 4 Wochen lang das Bett nicht verlassen
konnte. Der Urin wurde regelmässig und ohne irgendwelche Beschwerden entleert; die Stuhlentleerungen waren träge, erfolgten
nur alle 2 oder 3 Tage natürlich und beinahe stets unter mehr
minder grossen Schmerzen. Die Hämorrhoidalvenen zeigten eine
grosse Anschwellung. In diesem Zustande übernahm ich Anfangs
Juni 1872 die Kranke. Ich fand die eben angegebenen Erscheinungen der Blutleere, des allgemeinen Schwächezustandes, der Ab-
magerung sowie einer bedeutenden psychischen Depression und
Appetitlosigkeit bei derselben vor. Die Exploration ergab folgende
Verhältnisse :

Aeusserlich fand ich den Unterleib ziemlich ausgedehnt,
bei Berührung etwas schmerzhaft, Bauchdecken schlaff mit etwas
Fettansatz. In der Tiefe des Beckens gegen die Kreuzbeinaushöhlung zu konnte der vergrösserte Uterus leicht gefühlt werden.

Bei der inneren Untersuchung zeigte sich die Vagina von
mässiger Ausdehnung, ziemlich schlaff, aufgelockert, mit reichlichem

Seeret bedeckt. Das hintere Seheidengewölbe war um mehrere
Centimeter herabgedrängt, durch dasselbe hindurch der Uterusgrund
als leicht bewegliche, empfindliche Kugel von der beiläufigen
Grösse eines Gänseeies zu fühlen. Die Portio vaginalis nahm dabei ihren normalen Stand ein, das Orificium externum war so erweitert, dass man mit der Fingerspitze leicht in den Cervix eindringen konnte; die vordere Muttermundslefze von gewöhnlicher
Grösse, zurückgezerrt, die hintere vergrössert, wulstig; durch das
eingeführte Speculum entdeckte man eine profuse Absonderung von
zähem, durchsichtigen Sehleim aus dem Cervix und ein ziemlich
ausgedehntes papillaeres Ulcus an der hinteren Muttermundslefze,
welches in die hintere Fläche des Cervix einen Centimeter hoch
hinaufreichte. Der Seheidentheil und die sichtbare Parthie des
Cervix war hyperämisch. Die Uterussonde, welche stark gebogen
angewendet wurde, drang ohne besondere Hindernisse durch den
inneren Muttermund in die Uterushöhle, verursachte aber der
Kranken momentane, ziemlich bedeutende Sehmerzen, obwohl zur
Erleichterung des Eindringens derselben der Uterus durch einen
stärkeren Druck auf das hintere Seheidengewölbe mittels des zur
Leitung der Sonde eingeführten Fingers in die Höhe gesehoben
wurde. Die Länge der Uterushöhle betrug 9,5 Ctm. Anderweitige
Anomalien im Bereiche des Sexualapparates fanden sich nicht vor.

Diagnose. Ausgesprochene Retroflexio uteri, chron.
Metritis, Endometritis und Vaginitis, Ulcus papillare
an der hinteren Muttermundslefze, ferner Anämie, allgemeine
Hyperästhesie.

Da die Kranke durch die vorausgegangenen starken und anhaltenden Metrorrhagien sowie durch die Appetitlosigkeit in einem
grossen Schwächezustand sich befand, wurde das Hauptaugenmerk
vorerst auf Hebung des Appetits und der Kräfte gerichtet und
örtlich mit Ausnahme von Injectionen mit kühlem Wasser, welche
die Kranke mittels eines Clysopomps täglich 2 mal zur Minderung
der Hyperämie sowie als Reinigungs- und Stärkungsmittel der Vagina und der Vaginalportion sich machte, nichts gethan. Ausserdem wurde für regelmässige Stuhlentleerung durch Ordination von
Marienbader-Kreuzbrunnen gesorgt. Der Appetit stellte sich bald ein,
die Kranke wurde siehtlich kräftiger, so dass zur örtlichen Behandlung des Gebärmutter- und Scheidenkatarrhs sowie des granulirten
Gesehwüres an der hinteren Muttermundslefze gesehritten werden

konnte. Nach mehrwöchentlicher Behandlung mit den gewöhnlichen örtlichen Mitteln war das Geschwür und der Scheidenkatarrh beseitiget, während der Uteruskatarrh noch, wenn auch in leichterem Grade, anhielt. Die Vagina war nicht mehr so schlaff, mehr gerunzelt, der Scheidentheil (durch wiederholte an derselben applicirte Blutegel) kleiner und von blassrother Farbe, der äussere Muttermund enger; auch die Empfindlichkeit des Uterus war geschwunden. Die Uterushöhle zeigte sich bei Einführung der Sonde um 1,5 Ctm. kürzer. Es wurde daher am 3. Juli der Uterus durch Einführung der Sonde aufgerichtet, die Sonde entfernt und unmittelbar darauf der Stift eines 7 Ctm. langen Intrauterinpessarium in die nunmehr 8 Ctm. lange Uterushöhle eingeschoben. Hierauf wurde ein in Tannin-Glycerin-Lösung getauchter Wattetampon in früher beschriebener Weise in die Vagina eingeführt und vor der Platte, also zwischen dieser und der vorderen Scheidewand in schräger Richtung mit dem vorderen Scheidengewölbe hinaufgedrängt, wodurch die Platte des Instrumentes beiläufig die Mitte der Scheide einzunehmen gezwungen war, so dass also der Uterus in seine normale Lage gebracht und darin erhalten wurde. Nachdem diess geschehen, wurde ein weiterer Tampon, welcher ebenfalls in die Tannin-Glycerin-Lösung getaucht worden war, durch das Speculum eingeführt, um die untere Hälfte der Scheide auszufüllen und zugleich das Intrauterinpessarium gegen das Herabtreten in vaginam zu stützen. Die sämmtlichen Manipulationen waren in ungefähr 5 Minuten in der Seitenlage der Frau ohne besondere Schmerzen vollendet. Unmittelbar darauf fühlte sich Patientin wohl und schmerzenfrei. Mehrere Stunden darauf stellten sich mässige Schmerzen, Stechen und eine gewisse Empfindlichkeit des ganzen Unterleibes ohne Fieber ein. Gegen Abend verloren sich dieselben, die Kranke schlief die ganze Nacht, hatte keine Urinbeschwerden; am 4. Juli ab und zu leichte Schmerzen ohne sonstige Beschwerden, ebenso am 5. und 6. Die Kranke war nur 1 Stunde unmittelbar nach der Einführung des Instrumentes im Bette, die ganze Zeit ausser demselben, verrichtete ihre gewohnten häuslichen Arbeiten und ging auch aus. Bei der Untersuchung am 6. Juli fanden sich beide Tampons in derselben Lage, in welche sie 3 Tage vorher gebracht worden waren und folglich lag auch das Pessarium unverändert; die Tampons waren etwas mit Schleim befeuchtet, Blutspuren waren darauf nicht zu entdecken; auch verbreiteten sie keinen üblen Geruch. Das Instrument wurde liegen gelassen und die Tampons erneuert, was mit Leichtigkeit geschah. Patientin ging unmittelbar nach Erneuerung der Tampons ihrer Beschäftigung nach und hatte diesesmal keinerlei Beschwerden. Am 9. Juli trat nach 4 wöchentlicher Pause die Periode, welche nur 3 Tage dauerte, schmerzlos ein. Das Instrument wurde am 2. Tage der Periode mit den Tampons entfernt und zwei Tage nach dem Aufhören derselben am 14. Juli wieder, dieses Mal schmerzlos eingeführt. Einige Stunden nach dem Einführen desselben leichte Schmerzen, welche $1\frac{1}{2}$ Stunden dauerten. Dann lag es 4 Tage lang, in welchem die Frau ihre gewöhnliche Lebensweise führte, ohne Schmerzen; am 18. Entfernung der beiden Tampons; das Pessarium liegt ganz normal, die Platte des Instruments weicht nicht nach vorne ab; abermalige Stützung des Instruments durch Wattetampons. Am 23. Entfernung des Tampons und des Instruments, welches seine Lage nicht geändert hatte. Uterus nicht empfindlich, Länge des Cavums 8,0 Ctm., normale Lage. Patientin wird aufmerksam gemacht, dass sie sich eine Zeit lang aller mechanischen Anstrengungen, welche die Thätigkeit der Bauchpresse anregen, zu enthalten habe und macht sich täglich 2 mal Injectionen mit kühlem Wasser (16⁰) in vaginam. Ausserdem wird für tägliche Stuhlentleerung gesorgt, eine Leibbinde zur Vermeidung der Beweglichkeit der Gedärme getragen und stärkeres Schnüren strenge verboten. Der Uterus behält bis 4. August seine normale Lage, weicht dann in leichterem Grade nach rückwärts ab; am 6. August Eintritt der Menses, welche wieder regelmässig in 4 Tagen verlaufen. Am 12. 2malige kühle Injektion, Fortsetzung der intrauterinen Behandlung am 13., da sich wieder eine leichte Retroflexion ausgebildet hatte. Die mechanische Behandlung verursachte der Kranken durchaus keine Beschwerden und wurde bis zum 26. August in der Weise fortgeführt, dass der Stift des Rectificators ununterbrochen in der Uterushöhle belassen und nur die Tampons alle 3 oder 4 Tage entfernt wurden, wobei das Pessarium im Uterus stets dieselbe Lage behalten hatte.

Es wurde nun eine 8tägige Pause in der mechanischen Behandlung gemacht und die noch in leichterem Grade vorhandene Endometritis chronica behandelt. Der Uterus behielt seine normale Lage bei. Am 4. September Eintritt der Menstruation, welche normalen Verlauf zeigte und am 9. vollendet war. Die am 12.

vorgenommene Exploration liess wieder einen unbedeutenden Grad von Retroflexio uteri entdecken, daher die orthopädische interne Behandlung noch weitere 14 Tage fortgebraucht wurde. Dieselbe war wieder vollkommen schmerzlos, die Kranke verrichtete unmittelbar nach Einführung des Instruments ihre häuslichen Arbeiten und wurde daran durch die Kur überhaupt nie gehindert. Am 24. Aussetzen der mechanischen Kur, Behandlung des noch immer vorhandenen, wenn auch schwachen Gebärmutterkatarrhs. Am 1. Oktober Eintritt der Menses mit regelmässigem Verlauf. Die am achten Tage vorgenommene innere Untersuchung ergab eine chronische Metritis und Endometritis und Vaginitis, Verkürzung des Uteruscavum auf 7,5 Ctm. Es wurde von einer weiteren mechanischen Behandlung Umgang genommen und der Katarrh der Gebärmutter und Scheide einer ernstlichen Kur unterzogen, welche am 20. Oktober zum Ziele führte, wenigstens war der Zustand der Schleimhaut der vorgenannten Organe ein solcher, dass täglich 2 mal gemachte kühle Injectionen und Regelung des Stuhles den Erfolg sichern konnten. Die an diesem Tage vorgenommene manuelle Exploration ergab ebenfalls ein ganz günstiges Resultat, indem der Uterus normal stund, die Vagina enger und straffer sich zeigte. Ende Oktober war die Periode sehr schwach und blass, so dass Verdacht auf vorhandene Gravidität entstand, welcher grösser wurde durch anderweitige den Schwangeren eigenthümliche Erscheinungen von Uebelkeit, Schleimerbrechen am Morgen u. dgl. m.

In der That hatte Patientin zu meiner und ihrer grossen Freude concipirt und Anfang des verflossenen August nach normal verlaufener Schwangerschaft normal entbunden.

Es kann wohl im vorliegenden Falle keinem Zweifel unterliegen, dass die wahrscheinlich nach dem vor 6 Jahren erfolgten Abortus eingetretene und mit diesem in causalem Zusammenhang stehende Retroflexio uteri das exclusive Hinderniss einer weiteren Conception — die erste war bald nach der Verheirathung eingetreten — war und dass die Frau nur der erfolgreichen Behandlung dieser Lageabweichung es zu verdanken hat, dass sie wieder empfangen konnte.

2) St. von München 24 Jahre alt, kräftig gebaut, mit grossem Panniculus adiposus, blassrother Gesichtsfarbe, gutem Puls wurde mit 15 Jahren zum ersten Male menstruirt und dann fortan regel-

mässig; der Blutabgang, welcher jedes Mal 3—4 Tage dauerte, war blass. Sie lebt sehr bequem, macht wenig Bewegung. Normale Funktion des Nervensystems. Sie ist seit 2½ Jahren verheirathet, kinderlos.

Sie litt seit ⁵|₄ Jahren häufig an Urindrang und brennendem Schmerz beim Harnlassen, fürchtet kinderlos zu bleiben, ist deprimirt darüber und wünscht· vor Allem Aufklärung darüber zu erhalten, ob sie hoffen dürfe, je Mutterfreuden zu erleben.

Bei der äusseren Untersuchung findet man dicke, fettreiche Banchdecken, und dadurch bedeutende Volumenzunahme des Unterleibs; dieser fühlt sich weich an. Eine Anomalie der Unterleibsorgane lässt sich weder durch Palpation noch durch Percussion feststellen; indess können wegen der vorhandenen Dicke der Bauchdecken kleinere Abweichungen im Becken nicht mit Bestimmtheit ausgeschlossen werden.

Bei der internen Exploration zeigt sich die Vagina von mässiger Ausdehnung, leicht aufgelockert, die vordere Wand derselben, sowie das Scheidengewölbe abnorm verkürzt, und nebst der hintern Blasenwand herabgedrängt (Kystokele vaginalis), hyperästhetisch und im Zustande des chronischen Katarrhs. Die Urethra ist wesentlich verdickt und deren Orificium externum gewulstet.

Die Portio vaginalis normal gross, der sehr schwer erreichbare Muttermund ein kleines Grübchen darstellend, aus welchem zäher Cervicalschleim in bedeutender Menge heraustritt. Die Stellung des Scheidentheils ist gegen die Kreuzbeinaushöhlung gerichtet, der Fundus uteri gegen die Schamfuge zu, also eine ausgeprägte Anteversio uteri vorhanden. Das Eindringen der Sonde durch den inneren Muttermund erfolgte mit Schmerzen, aber ohne grosse Anstrengung durch gleichzeitiges Zurück- und Hinaufschieben des antevertirten Uteruskörpers, wodurch der Muttermund mit dem Instrumente leichter erreichbar ist. Die Höhle des Organs beträgt 6,2 Ctm.

— Diagnose: Anteversio uteri, leichtgradige chronische Endometritis und Vaginitis (Kystokele vaginalis).

Behandlung: Es wurde zuerst der chronische Gebärmutter- und Scheidenkatarrh in gewöhnlicher Weise behandelt und, gegen die Anämie Eisen gegeben; nach Beseitigung derselben die mechanische Behandlung vorgenommen, die Ceinture hypogastrique angewendet und unser Hebelpessarium von 5½ Ctm. eingeführt, welches nach vorausgeschickter Sondirung leicht eingebracht und durch einen zwischen hinterer Scheidenwand und Platte des Instruments eingelegten Tannin-Glycerin-Wattetampon festgestellt wurde, so dass der Uterus dadurch seine normale Stellung einzunehmen und zu behalten gezwungen wurde. Alle 4 Tage wurden die Tampons entfernt und durch neue ersetzt, das Pessarium aber, welches unverändert lag, liegen gelassen. Nach 3 Wochen zeigte sich die Stellung des Uterus normal. Die mechanische Behandlung wurde ausgesetzt und nur die Ceinture hypogastrique und die kühlen Injektionen fortgesetzt, sowie die Stahlpulver fortgegeben. Die Lage blieb gut und die Frau concipirte schon 2 Monate nach der vollendeten orthopädischen Kur.

Die Schwangerschaft verlief ohne jede Störung, ebenso die Geburt, welche nur zwölf Stunden dauerte. Das Kind, ein Mädchen, lebt, ist gesund. 5 Tage nach der Geburt trat ein heftiges Wochenbettfieber ein und es kam zu einer umfangreichen Peritonitis mit beträchtlichen Exsudatmassen. Die Kranke schwebte nahezu 3 Wochen in grosser Lebensgefahr und erst nach Ablauf von 2 Monaten war das Exsudat völlig resorbirt und die sehr abgemagerte Patientin im Stande, halbe Tage das Bett zu verlassen, so dass von der Entbindung bis zur vollkommenen Wiederherstellung der Patientin über ein halbes Jahr verging. Der Uterus zeigte sich nun bei der internen Exploration normal zurückgebildet und auch normal stehend. Derselbe war in seiner ganzen Umgebung frei und normal beweglich. Ein halbes Jahr später concipirte die Frau wieder und 2 Jahre später zum 3. Male, wobei Schwangerschaft wie Geburt und Wochenbett normal verliefen.

In diesem Falle hat sich also die mechanische Behandlung vollkommen bewährt, dieselbe war, man kann sagen, schmerzlos und führte in kurzer Zeit zum gewünschten Ziele.

3) v. L., 22 Jahre alt, war als Kind gesund und kräftig bis zum 14. Lebensjahr; in demselben traten die Erscheinungen der Chlorose und gleichzeitig der allgemeinen Hyperästhesie auf. Es zeigten sich auch Molimina menstrualia, mitunter auch ein schwacher, nur einige Stunden dauernder, mit Uterinalkoliken verbundener Abgang von Blut, welches ganz kleine Gerinnsel enthielt. Zu einem regelmässigen Auftreten der Periode kam es angeblich nie. Mit 18 Jahren verheirathete sich dieselbe; indess auch dieses Moment, welches allerdings die Menstruation etwas besserte, so

dass dieselbe stärker und mehr regelmässig auftrat, war kein hinreichendes Heilmittel. Die dysmenorrhoischen Beschwerden dauerten fort und nachdem die Ehe noch nach mehr als drei Jahren kinderlos war, wurde Patientin, welche fürchtete, nie ihren Beruf erfüllen zu können, und eine unendliche Sehnsucht nach Nachkommenschaft empfand und nährte, in hohem Grade deprimirt und erholte sich von verschiedener Seite ärztlichen Rath. Indess wurde ihr örtliches Leiden zu wenig berücksichtiget, so dass es also zu einer Besserung trotz vielfacher Ordinationen nicht kommen konnte. Ich übernahm die Kranke vor 1½ Jahren in ärztliche Behandlung. Sie klagte über schwache, unregelmässig und viel zu selten (alle 6—8 Wochen) auftretende schmerzhafte Menstruation, über einen seit zwei Jahren dauernden, leichten weissen Fluss, endlich über Apathie und Schmerzhaftigkeit beim Coitus. Ihr Aussehen war das einer chlorotischen Frau mit guter Muskulatur und mässigem Fettansatz. Ihr Gesichtsausdruck war matt, sie ermüdete leicht und verlangte stets nach körperlicher Ruhe, obwohl ihre ganze Arbeit nur in kurzen Visiten und noch kürzeren Spaziergängen bestand.

Bei der Exploration zeigte sich ein gemeinhin wohlgebildeter Körper; die Brüste waren gut entwickelt; auch das Herz liess weder eine anatomische noch physiologische Anomalie entdecken. Der Puls war langsam, klein, zeigte keine krankhafte Veränderung. Bei der inneren Exploration fand ich die Vagina relativ weit und gegen Erwartung schlaff, sehr empfindlich und sich leicht contrahirend. Auch der Fornix vaginae sowie die Portio vaginalis war beim Contact mittels des Fingers schmerzhaft. Der Uterus fühlte sich eher etwas kleiner an, auf keinen Fall war er vergrössert. Die Stellung des Scheidentheils war leicht nach rückwärts, der Körper des Organs nach vorne und stark nach rechts abgebogen — also Anteflexio et Inflexio uteri lateralis dextra. Die Beweglichkeit des Uterus war sehr begrenzt. Die Einführung der Sonde gelang wegen der hochgradigen Schmerzhaftigkeit des Organs einerseits und der complicirten Form der Lageveränderung andererseits erst nach mehrmaligen Versuchen und bewirkte so unangenehme nervöse Zufälle (allgemeine Convulsionen in der Dauer von 20 bis 30 Minuten), dass längere Zeit davon abgestanden werden musste.

Die Diagnose war: Chlorose, allgemeine psychische

und somatische Hyperästhesie. Anteflexio et Inflexio uteri lateralis, leichter Scheidenkatarrh.

Es mussten, wenn auch das lokale Uebel zweifellos die Fort-
dauer der Chlorose und Hysterie begünstigte, diese verderblichen
Leiden doch sofort behandelt und zugleich die Sexualorgane syste-
matisch für die mechanische Behandlung, das hier einzig zuverlässige
Verfahren, vorbereitet werden, und dies um so mehr, als es wegen
der mangelhaften Beweglichkeit des Uterus zweifelhaft war, ob dieselbe überhaupt mit Erfolg eingeleitet werden konnte.

Nachdem die Kranke durch Aetzungen, Blutegel an die Portio vaginalis, lauwarme Injectionen viele Wochen behandelt worden, und Vagina wie Scheidentheil und Uterus weniger schmerzhaft bei Berührung waren, begann die Behandlung mit unserem
Instrumente. Dieselbe wurde 10 Wochen mit Ausnahme der Zeit
der Periode ohne besondere Störung fortgeführt. In den ersten
14 Tagen war das Sondiren wie das Einführen des Pessarium
ausserordentlich schwer wegen der hochgradigen Abbiegung des
Uterus nach rechts und vorne; in diesem Falle würde die Schröder'sche Methode gewiss nicht zum Ziele geführt haben. Ich versuchte auch ohne vorausgegangene Sondirung das Pessarium einzuführen, aber umsonst; daher ich die Uterussonde stets vorher anwenden musste, um das Verfahren zu erleichtern und weniger
schmerzhaft zu machen.

Der Uterus konnte nur mit Dehnung und Zerrung des zweifellos verkürzten Ligamentum rotundum dextrum von seiner fehlerhaften
Lage wegbewegt werden. Nachdem er aber durch die oben ausführlich beschriebenen mechanischen Mittel eine Zeit lang mit zunehmender Gewalt in einer besseren Stellung erhalten worden war,
— das Instrument wurde das erste Mal nur 1, dann 2 und später
5, 6 und 8 Tage ununterbrochen vertragen — konnte die Einführung desselben ungleich leichter und ohne wesentliche Schmerzen
bewerkstelligt werden, so dass schliesslich auf die vorherige Anwendung der Sonde verzichtet wurde. Freilich war ich gezwungen,
nach der ersten und zweiten Anwendung des Knickungsinstrumentes
eine ein-, beziehungsweise zweitägige Pause eintreten zu lassen.

Wenn auch, wie oben bemerkt, die mechanische Behandlung
anfänglich der Kranken ziemlich grosse Schmerzen verursachte,
welche namentlich während der durch Einschieben der Sonde und
der unmittelbar darauf folgenden Anwendung des Pessarium hervorge-

rufenen gewaltsamen Zerrung des Uterus am meisten hervortraten, so dass ich eine Weiterbehandlung in dieser Weise aufgeben zu müssen glaubte, so übte Patientin eine solche Selbstverläugnung, dass sie in dem festen Vertrauen, endlich doch Hilfe zu erlangen, eine Weiterbehandlung nicht bloss nicht ablehnte, sondern geradezu verlangte und dies um so mehr, als sie sich bei jeder neuen Anwendung des ihr als wirksam geschilderten Mittels von einer Abnahme der Schmerzen überzeugte. Metritis oder ein Zustand, den man als beginnende Entzündung des Uterus hätte auffassen können, war nie aufgetreten. Auch zu einer erwähnenswerthen Blutung kam es nie.

Die Folge der Kur war, dass die Kranke regelmässig und ohne die früher nie fehlenden Menstrualkoliken und Kopfschmerzen menstruirt wurde, dass die Chlorose sich sichtlich besserte und Patientin gesünder aussah (auch die sexuellen Funktionen wurden besser als früher). Seit $^1/_4$ Jahr aus der Kur entlassen, fühlt sie sich ganz wohl. Die innere Untersuchung ergibt eine entschiedene Besserung der Lage des früher seitwärts und vorwärts flektirten Uterus, wenn auch keine ganz normale Form und Lage. Conception ist bisher nicht eingetreten und unterzieht sich daher Patientin neuerdings der mechanischen Behandlung in der Hoffnung, durch weitere Verbesserung der Lage der Gebärmutter endlich ihr Ziel zu erreichen. Es muss noch bemerkt werden, dass die orthopädische Behandlung dieses so schwierigen Falles, in welchem eine allmählige Zerrung des verkürzten Ligamentum rotundum dextrum bewirkt wurde, durchaus keine ernstlichen Erscheinungen hervorrief.

4) A. 38 Jahre alt, 2 Geburten, seit 4 Jahren leidend, (Retroflexio uteri, Metrorrhagien, Dysmenorrhoe, Nervosismus).

War als Kind gesund, wurde mit 15 Jahren zum ersten Male menstruirt und dann fortan regelmässig bis zu ihrem 22. Lebensjahr, wo sie nach halbjähriger Ehe zum ersten Male concipirte und nach normalem Verlaufe der Schwangerschaft ohne irgend welche Störungen ein wohl ausgebildetes Kind gebar. Die Geburtsdauer betrug angeblich 20 Stunden; die Nachgeburt ging leicht ab, Blutverlust war unbedeutend.

Durch den Drang der häuslichen Verhältnisse wurde sie veranlasst, am 3. Tage nach der Geburt aufzustehen, ass mit Appetit und achtete nicht darauf, dass sie noch Wöchnerin sei. Sie verrichtete ihre gewöhnlichen häuslichen Arbeiten, die vorzugsweise in der Pflege des Kindes bestanden, welche sie ohne fremde Hilfe übernommen hatte. Das Kind ernährte sie mit Kuhmilch. Der Wochenfluss dauerte als farblose schleimige Sekretion bis zur 7. Woche fort. Die Periode stellte sich ungefähr 8 Wochen nach der Entbindung ein, war sehr stark und kehrte nach 3 Wochen mit gleicher Intensität wieder. Es gingen Stücke geronnenen Blutes ab, so dass sich Patientin hiedurch sehr geschwächt fühlte und mit Rücksicht darauf ein Kindsmädchen nahm, um sich mehr zu schonen. Sie erholte sich trotzdem langsam, die Periode kehrte von nun an alle 4 Wochen wieder und wurde allmählig schwächer.

In ihrem 26. Lebensjahr neue Conception, normaler Verlauf der Schwangerschaft und Geburt. Sie pflegte sich diesmal im Wochenbette besser und erholte sich dann auch rascher. Die Periode kam schon 6 Wochen nach der Geburt — auch dieses Mal unterliess sie es, das Kind zu stillen. Sie klagte indess einige Monate später über ein Gefühl von Schwere im Unterleib und über ein Drängen nach abwärts, welches sich nie mehr ganz verlor. Im 34. Lebensjahre, also 8 Jahre nach ihrer letzten Entbindung, kamen zu den oben genannten Beschwerden noch hartnäckige Obstipation und starker Abfluss von Schleim, welcher beinahe ununterbrochen anhielt und sich allmählig so steigerte, dass die Kranke ärztliche Hilfe in Anspruch nahm. Der nun ordinirte Gebrauch von kühlen Sitzbädern und leicht abführenden Mitteln linderte die Beschwerden nur für einige Zeit; im Gegentheile wurde später der Druck nach rückwärts immer grösser und stellte sich überhaupt eine vermehrte Empfindlichkeit des Unterleibes ein. Vor 2 Jahren kam die Kranke zu mir mit der Klage, dass sie seit mehreren Jahren einen unerträglichen Druck nach rückwärts und abwärts habe, dass ihr Unterleib sehr empfindlich sei, die schleimige Absonderung seit Jahren anhalte und sie so geschwächt sei, dass sie ihren häuslichen Arbeiten nicht mehr nachkommen könne. Sie leide auch häufig an kalten Händen und Füssen und ohne besondere Veranlassung an Herzklopfen; die Periode, welche früher sehr stark gewesen, habe in den letzten Jahren nachgelassen, sei aber stets sehr schmerzhaft gewesen. Der Stuhlgang sei sehr angehalten. Die Kranke ist mittelgross, sieht älter aus, als sie ist, hat blasse Gesichtsfarbe und blasse Schleimhäute; Musculatur schwach ent wickelt, mässiger Fettansatz; Unterleib von gewöhnlichem Volumen, Bauchdecken schlaff. Bei der innern Exploration fand ich die Vagina von gewöhnlicher Länge, glatt, schlaff, von normaler Empfindlichkeit. Die Portio vaginalis war normal gelagert, gewulstet, namentlich die vordere Muttermundslefze bedeutend hypertrophirt und länger als die hintere, der Muttermund klaffend, so dass man mit der Fingerspitze in denselben eindringen konnte; ausgesprochene Hyperämie, besonders an der vorderen Mutternmundslippe, an welcher sich ein scharf abgegrenztes papilläres Geschwür befand. Das vordere Scheidengewölbe frei, das hintere durch den auf demselben aufruhenden Uterusgrund belastet und leicht (in die Vagina) herabgedrängt. Aus dem Muttermunde drang zäher, glasiger Schleim. Die Sonde konnte leicht in die Uterushöhle eingeschoben werden; der Uterus zeigte vollkommene Beweglichkeit bei der Anwendung der Sonde ohne besonderen Schmerz; Blutung trat nach dem Sondiren nicht ein. Der Uterus zeigte sich bedeutend vergrössert, seine Höhle war 9,0 Ctm. lang.

Diagnose. Retroflexio uteri, Metritis et Endometritis, Vaginitis chronica, Ulcus papillare, Nervosismus. Nachdem mehrere Monate der Uterus- und Vaginalkatarrh sowie das Ulcus papillare örtlich behandelt worden, das Geschwür beseitiget, die Blennorrhoe auf ein Minimum reducirt und der Uterus wesentlich verkleinert war — dessen Länge betrug nur mehr 7 $\frac{1}{2}$ Ctm. — wurde die interne mechanische Behandlung begonnen und am 4. März 1872 durch unmittelbar vorher unternommene Aufrichtung des Uterus mittels der Sonde das Knickungsinstrument mit einem 7 Ctm. langen Stifte eingeführt und vor dasselbe — also zwischen Platte und vorderer Scheidenwand — ein kleiner Wattetampon, welcher mit Glycerin-Tannin Lösung befeuchtet war, eingelegt, während ein zweiter, in dieselbe Lösung getauchter Tampon unterhalb des Instrumentes lediglich zu dem Zwecke, ein Herabgleiten des letzteren zu verhindern, in die Vagina eingeführt wurde. Die Kranke, welche ich Tags darauf wieder besuchte, befand sich ganz wohl, wesshalb ich das Instrument mit den Tampons liegen liess; nach weiteren 4 Tagen, also am 9. März, klagte die Kranke ebenfalls nicht; ich ersetzte daher nur die Watte — wobei ich das Instrument unverändert liegen fand — und ebenso am 14. durch neue; nach weiteren 5 Tagen, also am 19., innerhalb welcher die Kranke sich ebenso wohl wie in den ersten 5 befand und ihre häuslichen Arbeiten verrichtete, wiederholte ich dieselbe Procedur und fand dieselben günstigen Verhältnisse wie vorher. Am 22. zeigten sich Erscheinungen der zur normalen Zeit eintretenden Periode; die Kranke war aufgeregt, der Unterleib etwas empfindlich, wesshalb ich Watte und Instrument entfernte. Die Krämpfe, welche sonst bei der Periode aufgetreten waren, fehlten dieses Mal ganz, so dass die Kranke recht zufrieden war; auch der Stuhlgang war nicht mehr so hartnäckig wie früher. Nach 4 Tagen sistirte die menstruale Blutung und am 29. wurde die Aufrichtung und Fixirung des Uterus durch das Hebelpessarium wieder ebensoleicht und ohne die geringsten Schmerzen für die Kranke (stets nach vorausgeschickter Einführung der Sonde) ausgeführt und immer nach 5 Tagen die Watte entfernt und durch neue ersetzt. Am 24. April wurde wegen Wiedereintritt der Menses das Instrument entfernt und dasselbe erst 14 Tage später, also am 8. Mai wieder angewendet. Es zeigte sich nämlich nach der Periode die Lage des Uterus normal und die Kranke hatte keine Klagen mehr, so dass eine Probe über die Dauer des Erfolges der Cur gemacht werden konnte; bei der 12 Tage nachher vorgenommenen Exploration hatte der Uterus nicht mehr die gute Lage wie früher, wenn auch eine ausgesprochene Retroflexio nicht mehr constatirt werden konnte. Mit Rücksicht darauf wurde die interne mechanische Behandlung noch bis Mitte Juni fortgesetzt und dann abermals ausgesetzt, weil die Lage des Uterus wieder ganz normal war und die Kranke weder während der Periode noch ausserhalb derselben irgend welche Beschwerden empfunden hatte. Die Kranke setzte ihre kühlen Injectionen, welche sie bei der örtlichen Behandlung der Endometritis und Vaginitis chron. täglich mittels Clysopomps zu machen hatte, wieder fort enthielt sich anstrengender mechanischer Thätigkeit und fühlte sich dabei wohl. Sie wurde anfänglich alle 14 Tage, später alle Monate, und im laufenden Jahre nur zweimal explorirt, wobei der Uterus $^3/_4$ Jahre nach vollendeter örtlicher Behandlung in normaler Lage gefunden wurde und auch eine geringe Verkürzung (7,0 Ctm.) zeigte. Es scheint, der schwache Reiz des Instrumentes bewirkt eben eine allmählige, nicht bemerkbare Contraction des Uterus und dadurch allmählig eine Verkleinerung des Organs. Die Kranke hat keinerlei Klagen mehr über den Unterleib, doch wird sie ab und zu von nervösem Kopfweh belästigt.

5) H., 26 Jahre alt, war als Kind gesund und entwickelte sich normal; von ihrem 10. bis 15. Lebensjahre zeigte sich hochgradige nervöse Reizbarkeit. Eintritt der Menses mit 14 Jahren, und fortan regelmässig. Machte mit 18 Jahren einen schweren, mehrere Monate dauernden Typhus durch, von welchem sie sich nur langsam erholte und nach welchem die mehrere Jahre ausgebliebene nervöse Reizbarkeit wieder aufgetreten war. Auch ihre Mutter litt an allgemeiner Hyperästhesie. Verheirathet mit 21 Jahren, wurde sie mit 22 Jahren Mutter; starker Dammriss bei der sonst normal verlaufenen Geburt; es trat nach Anlegung von drei Ligaturen unvollkommene Heilung desselben ein und ein ungestörter Verlauf des Wochenbettes. Die Wöehnerin lag 14 Tage zu Bette, um die Heilung der Perinäalruptur zu erleichtern. 6 Wochen post partum Wiedereintritt der Periode, da sie das Kind nicht selbst stillte. Mit 24 Jahren zweite Geburt, normaler Verlauf derselben wie des Wochenbettes; nach 6 Wochen kehrte, wie das erste Mal, die Periode wieder und war stark, aber sonst regelmässig; nur stellten sich mehrere Tage vor und nach derselben eine ziemlich profuse Absonderung von schleimiger Flüssigkeit ein. In den nächsten Monaten wurde die Periode immer stärker und stets von Uteruskrämpfen und Diarrhoen begleitet, welche namentlich in den ersten Tagen derselben ziemlich heftig waren. Mit diesen Erscheinungen entwickelte sich dann auch Schwäche im Gesammtorganismus, grosse Müdigkeit, Herzklopfen, Ohrensausen, Schwindel, Cardialgie, Aufstossen. Während der ersten Tage der Periode konnte sie seit einem halben Jahre den Urin nie mehr über eine Stunde halten, entleerte nur kleine Mengen, daher sie Gesellschaften meiden ·usste und der Schlaf in der Nacht häufig unterbrochen wurde. L. Kranke kam nun Anfangs September 1872 auf Anrathen ihres Hausarztes zu mir und wurde am 8. September von mir untersucht. Es ist eine ziemlich muskulöse Blondine mit mässigem Fettansatz, bleichem ¨gedunsenem Gesichte, blassen Schleimhäuten, weichem, ziemlich voluminösem Leib; Bauchdecken schlaff, durch dieselben hindurch gegen die Symphyse zu ist ein ungefähr faustgrosser, rundlicher, beweglicher, bei Berührung leicht empfindlicher Körper fühlbar. Die Rima pudendi leicht klaffend, Frenulum zerrissen, der Damm nur 2 Ctm. breit. Vagina ziemlich glatt, schlüpfrig anzufühlen. Der Scheidentheil mehr nach rückwärts gerichtet, stark hypertrophirt; die vordere Mutter-

mundslefze zungenförmig verlängert, die hintere bedeutend ange-
schwollen, Muttermund klaffend, Bei Druck mit dem Speculum
gegen das Scheidengewölbe fliesst zum Theil zäher, glasiger, zum
Theil puriformer Schleim aus dem Orificium externum. An der
Innenseite der hinteren Muttermundlefze ein grösseres hahnenkamm-
förmiges Geschwür, welches bis in den Cervix hineinreicht; bedeutende Gefässinjection der Vaginalportion. Das vordere Scheidengewölbe und mit demselben die untere hintere Blasenwand in das
Lumen der Vagina herabgedrängt durch den auf demselben aufruhenden vergrösserten Uterusgrund, welcher deutlich durchzufühlen
ist; das hintere ist leer, höher stehend. Bei Einführung der Sonde,
welche durch die erhöhte Empfindlichkeit des Organs sehr erschwert und schmerzhaft ist, kann der Uterus von dem vorderen
Scheidengewölbe wegbewegt werden; Länge der Uterushöhle 10 Ctm.

Diagnose: Anteflexio uteri und Kystokele vaginalis,
chronische Metritis und Endometritis, Vaginitis, Ulcus
Cock's comb-Granulation, Hyperästhesia universalis.

Im vorliegenden Falle konnte selbstverständlich von einer so-
fortigen mechanischen internen Behandlung keine Rede sein. Es
bedurfte einer mehrmonatlichen, ununterbrochenen Behandlung, bis
die die Lageabweichung begleitenden Erscheinungen gemindert,
beziehungsweise beseitigt werden konnten. Der Uterus wurde
durch das wiederholte Ansetzen von Blutegeln an die Vaginalportion, durch die wöchentlich durchschnittlich 3 Mal vorgenommenen Cauterisationen mit Lapis sowie durch die täglich mehrmals
gemachten Injectionen von kühlem, später kaltem Wasser kleiner
(seine Höhle mass nur mehr 8,5 Ctm.) und dessen Hypersecretion
zeigte sich nur mehr einige Tage vor dem jedesmaligen Eintritt der
Periode; das Hahnenkammgeschwür wurde durch Abtragung der grösseren Auswüchse mittels einer nach der Fläche gekrümmten Scheere
und darauffolgende Cauterisation mit ferrum candens vollständig
geheilt; die Hyperästhesie war nahezu geschwunden. Auch die
Menstrualkoliken traten minder heftig auf, aber die Kystokele, die
Ursache der noch immer vorhandenen, der Kranken am heftigsten
fallenden Dysurie bestand noch unverändert fort. Es waren nun
durch die vorausgeschickte erfolgreiche Bekämpfung der oben erwähnten Zustände, welche nahezu 4 Monate in Anspruch nahm,
die Hindernisse der intrauterinen mechanischen Behandlung besei-
seitiget und konnte diese begonnen werden.

Am 3. Januar wurde nach Einführung der Sonde, die nun ohne Schmerzen gelang, der Uterus aufgerichtet, mein Intrauterinpessarium mit einem 7 Ctm.-Stift mit Leichtigkeit in die Uterushöhle eingeschoben und die Platte mit Wattetampon festgestellt. Die Kranke vertrug das Pessarium ohne Beschwerden, konnte ihre häuslichen Arbeiten dabei verrichten und fühlte schon am ersten Tage die gewünschte Besserung bei der Urinentleerung, weil das vordere Scheidengewölbe durch die Aufrichtung des Uterus frei und durch den Wattetampon hinaufgedrängt und dadurch die Kystokele beseitiget wurde. Nach 5 Tagen, also am 8. Januar, wurde der Tampon entfernt und durch einen neuen ersetzt, wobei sich der unveränderte Stand des Instrumentes zeigte. Dieses Verfahren wurde nahezu noch 3 Monate mit Ausnahme der Zeit der Menstruation fortgesetzt, ohne dass die Kranke, welche dabei spazieren ging, dadurch molestirt worden war. Nach Ablauf dieser Zeit, Ende März, setzte ich die örtliche mechanische Behandlung ganz aus, da der Uterus normal gelagert war; seine Höhle mass 7,3 Ctm. und Patientin befand sich vollkommen wohl. Da der Zustand nach mehrwöchentlicher Pause sich nicht verschlimmerte, die Kranke schmerzlos und in jeder Beziehung normal menstruirt wurde, auch die lästigen Blasenbeschwerden — häufiges Bedürfniss den Urin zu lassen — verschwunden waren und schon die allgemeine Nervenhyperästhesie wesentlich abgenommen hatte, entliess ich die Patientin aus der Kur mit dem Bewusstsein, dass sie nun geheilt sei. Nach den letzten Nachrichten derselben (Ende Oktober) geht es ihr bis zur Stunde sehr gut und fühlt sie sich (wie sie sich ausdrückt) „ausserordentlich gesund."

6) v. F. 36 Jahre alt, war in den Kinderjahren mit Ausnahme der gewöhnlichen Kinderkrankheiten, welche sie durchmachte, gesund ; nur zeigte sich bei ihr, angeblich wie bei ihrer Mutter, ein erhöhter Grad nervöser Reizbarkeit namentlich zwischen dem 8. und 12. Lebensjahre. Sie wurde mit 13 Jahren zum ersten Male menstruirt, ohne irgend welche Beschwerden und dann $\frac{1}{2}$ Jahr lang regelmässig. Von dortan wurde die Periode in Folge der allmählich auftretenden Bleichsucht schwächer und schwächer, das Menstrualblut blässer, und endlich versiegte dieselbe ganz unter der Einwirkung der immer mehr zur Geltung kommenden Bleichsucht, welche mit kurzen Unterbrechungen bei der Kranken nahezu 2 Jahre andauerte. Nach einer Pause von 10 Monaten kam die

Periode indess wieder und zeigte sich, wenn auch ziemlich schwach, alle 4 Wochen ohne irgendwelche Beschwerden. Sie wurde bald kräftiger und die Erscheinungen der Chlorose waren ganz geschwunden. Mit 23 Jahren heirathete Patientin und machte mit 24, 26 und 27 Jahren normale Geburten durch, bei regelmässigem Verlaufe des Wochenbettes. Indess wurde $\frac{1}{2}$ Jahr nach der letzten Geburt die Periode stärker und war von wehenartigen Schmerzen begleitet, welche immer mehr zunahmen. Auch Hypersecretion aus dem Uterus stellte sich ein, welche anfänglich schwach, aber nach einem Jahre sehr profus wurde.

Ihr Allgemeinbefinden verschlimmerte sich ebenfalls immer mehr, sie sah anämisch aus, fühlte sich matt und die seit ihren Kinderjahren bestehende leichtgradige Hyperästhesie steigerte sich ausserordentlich — es stellten sich exquisit hysterische Erscheinungen ein. Patientin bekam anfänglich nur zur Zeit der Menstruation, später auch ausser derselben alle 2 bis 3 Tage hie und da auch mehrmals in einem Tage heftige Lach- und Weinkrämpfe, welche anfänglich 10—20 Minuten später mit kurzen Unterbrechungen stundenlang anhielten. Dazu kamen bisweilen allgemeine klonische Krämpfe, Zuckungen der oberen Extremitäten, des Gesichtes, unwillkührliche Bewegungen des Rumpfes, trockener, kurzer Husten mit bellendem Geräusch. Der Krampf hatte als Vorläufer gewöhnlich ein eigenthümliches Oppressionsgefühl auf der Brust mit erschwerter, kurzer beschleunigter Respiration ohne Acceleration des Pulses. Diese Prodromi dauerten oft Stunden, ja halbe Tage lang, bis es zum Ausbruch des Krampfes kam; bisweilen aber währten sie nur einige Minuten, hie und da fehlten sie ganz. Mit einem Male wurde dann von der Kranken ein-heftiger Schrei ausgestossen und ein gellendes Lachen begann, welches sich entweder allmählich verlor, oder in lautes in der Regel kürzer dauerndes Weinen überging. Die Kranke war nachher sehr erschöpft und klagte gewöhnlich über heftige Brustschmerzen und Kopfweh. Die Krämpfe entstanden in der Regel nach einem Schrecken, nach grösseren Aufregungen oder Anstrengungen, einmal nach Eröffnung eines Forunkels, traten jedoch nie in der Nacht auf, bei Tag aber nicht bloss zu Hause, sondern auch auf der Strasse und in der Kirche. Selbstverständlich war dadurch die Kranke sehr ängstlich gemacht und verliess nur selten und nie ohne Begleitung die Wohnung.

Die ärztliche Hilfe, welche Jahre lang angewendet wurde, war allerdings gegen den Uteruscatarrh und gegen die Anämie sowie gegen die Menstrualkoliken gerichtet. Es wurden Aetzungen des Uteruscavum gemacht, kühle Sitzbäder ordinirt, und Blutegel an die äusseren Genitalien applicirt. Die örtlichen Erscheinungen besserten sich insoweit, dass die Menstruation von geringeren Schmerzen begleitet und weniger profus war, sowie dass die Hypersekretion mässiger wurde. Die Wein- und Lachkrämpfe, das Oppressionsgefühl auf der Brust dauerten indess ungeschwächt fort.

So waren die Verhältnisse, als ich die Kranke im Oktober 1871 in ärztliche Behandlung übernahm.

Patientin ist von mittlerer Grösse, hat eine blassrothe Gesichtsfarbe, zeigt eine mässige Entwicklung der Muskulatur mit wenig Fettansatz. Der Puls ist regelmässig, ziemlich schwach, Herz und Lungen normal; die äussere Untersuchung des Unterleibes ergab ausser einem grösseren Volumen keine Abweichung.

Bei der internen Exploration wurde der Uterus leicht gesenkt und stark retroflektirt gefunden. Der Scheidentheil des gleichmässig vergrösserten Organs stand ziemlich normal, die vordere Muttermundslefze zeigte sich verkürzt, die hintere vergrössert. Der äussere Muttermund war klaffend und konnte man mit der Fingerspitze leicht in denselben eindringen. Das Einführen der Sonde war sehr erschwert und misslang bei dem ersten Versuche, welcher bei der Kranken grosse Schmerzen und einen nahezu ¹|₄ Stunde dauernden Lachkrampf hervorrief. 8 Tage später wurde der Versuch erneuert und gelang, wenn auch nicht ohne beträchtliche Schmerzen für die Kranke. Der Uterus zeigte dabei seine normale Beweglichkeit nach allen Richtungen und seine Höhle war bis zu 10¹|₂ Ctm. verlängert. Es wurde in erster Linie kräftige Kost angerathen und Ferr. mit Rhabarb. ordinirt. Wegen der grossen Empfindlichkeit, Vergrösserung des Uterus und der ausgesprochenen Hyperämie seines unteren Segments wurden kühle Injektionen verordnet, wiederholt Blutegel an die Vaginalportion gesetzt und gegen den vorhandenen Katarrh die gewöhnlichen Aetzmittel und Adstringentien angewendet. Wenn auch die Kranke nach der jedesmaligen örtlichen Behandlung in einen hohen Grad von Aufregung versetzt wurde, so · kam es doch nie mehr durch dieselbe zu einem exquisit hysterischen Anfall. Diese traten aber wie früher in gleicher Frequenz und Intensität und nach den oben angegebenen Veranlassungen auf. Der örtliche Zustand wurde in-

dess mit Ausnahme der Lagedeviation durch die topische Kur entschieden besser. Der Uterus wurde weniger empfindlich, kleiner
(die Höhle desselben mass nur mehr 8½ Ctm.) und die Absonderung
war beinahe ganz verschwunden. Das Sondiren wurde nun gut
vertragen, nur dass hie und da ein leichter Weinkrampf auftrat, so
dass mit der internen mechanischen Behandlung begonnen werden
konnte. Am 21. October wurde das erste Intrauterinpessarium nach
der Aufrichtung des Uterus durch die Sonde (wobei es zu einem
stärkeren Lachkrampf kam), mit einem 7,5 Ctm. langen Stifte eingeführt und entsprechend tamponirt, jedoch nach 2 Tagen wieder
entfernt, da die Kranke über ziemlich heftige Schmerzen klagte, so-
lange dasselbe den Uterus gewaltsam streckte und in gerader Lage
erhielt. Am 25. wurde das Pessarium wiederholt eingeführt, einige
Stunden nach dem Einführen trat heftiger Weinkrampf ein, auf
welchen ein Lachkrampf folgte. Es wurde nun besser vertragen,
so dass es 3 Tage liegen gelassen wurde. Am 29. Wiederholung
und Liegenlassen desselben bis 3. November. Am 4. Eintritt der
Menses nach 4 wöchentlicher Pause ohne Schmerzen, weniger stark.
Am 10. November Fortsetzung der örtlichen mechanischen Behandlung bis zum 28., wo die Periode sich wiederholte. Im Dezember Fortsetzung der Kur bis zu der am 22. erfolgten Menstruation. Die Kur wurde nun probeweise ausgesetzt.

Da der Uterus seine normale Lage behielt, Fortsetzung der
täglich 2 mal zu machenden kühlen Injection. 14 Tage darauf,
Mitte Januar 1872 liessen die hysterischen Anfälle an Intensität
nach und kehrten in grösseren Zwischenräumen wieder; die Kranke
sah besser aus und auch ihre gedrückte Gemüthsstimmung besserte
sich wesentlich; ihr Puls war nicht mehr schwach, sie konnte auch
mehr Körperanstrengung ertragen. Der Uterus zeigte auch bei der
am 26. vorgenommenen örtlichen Untersuchung normale Lage, die
Lach- und Weinkrämpfe traten nur mehr unmittelbar vor der Menstruation und bei ausserordentlichen Aufregungen auf. Auch bei
der Mitte Februar vorgenommenen Exploration ganz gute Lage
des Uterus, die hysterischen Krämpfe waren wieder schwächer geworden und endlich Mitte Juni gänzlich geschwunden. Nur Ende
Juli kam in Folge der Eröffnung eines Abscesses noch ein Anfall
und dieser war der letzte. Die Frau, welche seit 8 Jahren nicht
mehr concipirt hatte, genas Ende Mai 1873 eines kräftigen Knabens,
ohne irgend welche Störungen während der Schwangerschaft, der

Geburt oder des Wochenbetts. Es wurde eine besondere Pflege in puerperio empfohlen; die Wöchnerin durfte vor dem 12 Tage das Bett nicht verlassen. Ende November, als ich die Kranke das letzte Mal sah, war sie vollkommen gesund; der Uterus stand normal und war wenig (Höhle 8,0 Ctm.) vergrössert.

7) L. Anteflexio. 24 Jahre alt, war als Kind schwächlich, machte mit 12 Jahren einen zwei Monate dauernden Typhus durch, von welchem sie sich wieder vollständig erholte. Mit 16 Jahren wurde sie zum ersten Male menstruirt und von da an ohne Unterbrechung alle 4 Wochen, meist 3 Tage lang. Nach ihrer Verheirathung mit 19 Jahren wurde die Periode stärker und war häufig von Uterinalkoliken begleitet, auch stellte sich eine schleimige Absonderung aus den Geschlechtstheilen ein. Sie litt ferner an Dysurie und dem Uebel des häufigen Urinlassens, so dass sie weder Gesellschaften, noch Theater und Concerte besuchen konnte. Die angegebenen Erscheinungen nahmen eher zu als ab. Ausserdem war sie steril geblieben. Die Kranke, welche gegen ihren Zustand ausser kalten Waschungen nichts angewendet hatte, suchte am 20. September 1871 bei mir ärztliche Hilfe. Es ist eine mehr kleine, zart gebaute, blassroth aussehende Frau mit mässiger Entwicklung der Muskulatur und mangelhaftem Fettansatz. Bedeutende psychische wie somatische Hyperästhesie.' Da sie sonst unter sehr günstigen Verhältnissen lebt und auch ihr Mann grosse Sehnsucht nach Familie hat, fühlt sie sich über ihre nun schon 4 Jahre dauernde Sterilität unglücklich. Sie hat meist mangelhaften Appetit, leidet häufig an Herzklopfen und Migräne, ihr Puls ist eher schwach zu nennen. Unmittelbar vor und nach her Periode kommt es bei ihr gewöhnlich zu profuser Diarrhoe, während ausser dieser Zeit der Stuhl in der Regel in Ordnung ist.

Bei der inneren Untersuchung fand ich eine enge, faltenreiche, mit bedeutendem Secrete überzogene und bei der Berührung sehr empfindliche Vagina, auch das untere Uterussegment war hochgradig hyperästhetisch. Die Vaginalportion hatte ihre normale Stellung und zeigte sich mit dem Uterus verkleinert; letzterer ruhte auf dem vorderen Fornix vaginae auf und drängte denselben in die Scheide herab, während das hintere Scheidengewölbe frei war. Die Einführung der Sonde nach Schröder gelang absolut nicht, trotz wiederholter Versuche; der Cervix war zu eng; auch eine dünne silberne Sonde nach Schröder führte nicht zum Ziele; die

Kranke klagte über so heftige Schmerzen und bekam in Folge der wiederholten Manipulationen immer mehr sich ausbreitende Zuckungen am ganzen Körper, so dass ich von weiteren derartigen Versuchen abstehen musste. Es blieb mir nichts anderes übrig, als täglich mehrmals Injectionen von kühlem Wasser in vaginam machen zu lassen und später solche mit leichten Adstringentien versetzt, durch welche die Theile allmälig ihre Reizbarkeit verloren. Doch auch dann war es nicht möglich, die Sonde einzuführen, es wurde daher der verengte Cervix mit Laminariae digitata — einem ganz kleinen Stifte, welcher ebenfalls nur unter grossem Schmerze eingeführt werden konnte — erweitert und auf diese Weise die Einführung der Sonde vorbereitet und ermöglicht. In der That gelang die Einführung derselben, wenn auch mit einigen Schmerzen, so dass dann die örtliche Behandlung begonnen werden konnte. Der Uterus zeigte sich beweglich und vollständig nach vorne abgeknickt, die Uterushöhle war 7,0 Ctm. lang. Das erste Intrauterinpessarium mit einem 6 Ctm. langen Stift wurde am 12. Okt. eingeführt und von der Kranken ohne Anstand vertragen. Das Instrument wurde, da es noch ganz gut gelegen war, nichtentfernt, sondern nur die Watte durch neue ersetzt. Dieses Verfahren wurde beinahe vier Monate bis Anfangs Februar 1872 (mit Ausnahme der Menstruationszeit) fortgesetzt. Das Instrument, welches leicht eingeführt werden konnte, hatte der Kranken keine Schmerzen verursacht. Der Uterus nahm seine normale Lage ein, die Menstruation war schmerzlos und schwächer. Länge des Uteruscavum 6,7 Ctm. Die kühlen Injectionen wurden täglich zweimal angewendet und ein leichtes Eisenpräparat, Carbon. ferr., welches die Kranke wochenlang genommen hatte, fortgebraucht. Das Aussehen der Kranken besserte sich wesentlich; der Puls wurde kräftiger, das Herzklopfen trat seltener und schwächer auf, nur mit der Migräne hatte die Kranke noch viel zu schaffen und auch die Diarrhoen, wenn auch weniger profus, zeigten sich um die Zeit der jedesmaligen Periode. Die Menses sollten Ende Februar wieder eintreten, blieben jedoch aus. Da dieses früher nie der Fall gewesen und auch Ende März sich nur schwache Spuren Blutes ohne die gewohnte Diarrhoe zeigten, da auch ab und zu Uebelkeit sich einstellte, so hatte ich Verdacht auf Gravidität, liess indess, da seit der letzten Woche sich wieder stärkere Hypersecretion zeigte, die kühlen Injectionen fortgebrauchen. Ende April, gerade um die Zeit, in welcher die Menstruation hätte

wiederkehren sollen, gerieth Patientin in Folge eines ehelichen
Zwistes in grosse Aufregung, verspürte alsbald Schmerzen im
Kreuze, welche rasch zunahmen, es stellte sich schleimig blutiger
Abgang aus den Genitalien ein und bei der vorgenommenen Exploration fand ich zweifellose Erscheinungen des im Gange befind-
lichen Abortus; das Ei konnte durch den erweiterten Cervix gefühlt werden. Da unter solchen Verhältnissen an eine Verhinderung der Fehlgeburt nicht mehr zu denken war, wurde dieselbe,
zumal da auch eine bedeutende Metrorrhagie sich eingestellt hatte,
durch wehenbefördernde Mittel beschleunigt und auch nach mehreren Stunden vollendet. Die Kranke war über das sie getroffene
Unglück ungeheuer erregt, bekam einen nervösen, katalepsieähn-
lichen Anfall, welcher über 6 Stunden dauerte und nach dem Aufhören einem Zustande ernstlicher Schwäche Platz machte. Da das
Ei in toto abgegangen, sistirte die Blutung nahezu gänzlich. Die
Kranke konnte über drei Wochen das Bett nicht verlassen und
hatte auch nachher noch Monate lang mit Schwäche und hochgradiger Hyperästhesie zu kämpfen, welche Zustände durch längeren
Aufenthalt im Gebirge sich indess verloren. Die Periode zeigte
sich anfangs Juli, ungefähr 10 Wochen nach dem Abortus, wieder,
war schwach und ohne Schmerzen; Diarrhoe war dabei nicht ein-
getreten. Der Uterus war gut zurückgebildet und in normaler
Lage. Die Menses kehrten von nun an alle 4 Wochen wieder, die
Kranke wurde relativ sehr kräftig und concipirte anfangs October
wieder. Die Periode blieb nun aus, doch zeigten sich die Kranke
beängstigende Molimina menstrualia, so dass dieselbe stets um die
Zeit der Periode mehrere Tage das Bett nicht verlassen konnte.
Die Schwangerschaft wurde indess bis zum Ende durchgemacht;
Geburt und Wochenbett verliefen normal.

8) H. 33 Jahre, schwächlich, bleich; war als Kind gesund;
menstruirte seit dem 15. Lebensjahre alle 24 Tage schwach, aber
ohne Schmerzen, heirathete mit 23 Jahren. Seit ihrem 22ten
Lebensjahre an Blennorrhoe leidend, fühlt sie sich stets müde,
hat mangelhaften Appetit und leidet an hartnäckiger Obstipation (oft 5 Tage lang keine Ausleerung); ein Gefühl von
Völle und Schwere und beständigen Druck auf das Kreuz,
Kreuzschmerzen, namentlich während der Periode, stellten sich ein
und ab und zu Blutungen aus dem Mastdarm. Dieser Zustand
hatte sich nach ihrer Angabe immer mehr verschlimmert, so dass
sie sich endlich entschloss, ärztliche Hilfe in Anspruch zu nehmen.

Sie war steril. Ich untersuchte sie am 19. Juni 1872 zum ersten Male und fand den bedeutend vergrösserten Uterus stark, beinahe spitzwinklig retroflectirt; das hintere Scheidengewölbe war durch den auf demselben ruhenden Gebärmuttergrund tiefer gedrängt; die vergrösserte und aufgelockerte Vaginalportion war so ziemlich in normaler Lage; das Orificium uteri externum zeigte eine rundliche Oeffnung, welche durch die Perminenz hypertrophirter Follikel sich uneben anfühlte; aus dem Cervix copiöser Abgang durchsichtigen, zähen Schleimes, rings um den Muttermund ein ringförmiges Ulcus papillare. Der Uterus zeigte normale Beweglichkeit und Empfindlichkeit, die Uterussonde konnte leicht eingeführt, und die Gebärmutter allerdings unter ziemlich heftigen Schmerzen reponirt werden. Uterushöhle 8,5 Ctm. Die Vagina mehr schlaff mit eiterartigem Schleime überzogen, und durch die hypertrophirten Papillen rauh sich anfühlend.

Der Mastdarm war durch Ansammlung von grösseren harten Fäcalmassen sehr ausgedehnt und am After waren bedeutende variköse Anschwellungen sichtbar; der Mastdarm prolabirte bei jeder Stuhlentleerung, trat aber nach derselben stets wieder zurück; bisweilen kam es auch zu bedeutenden Entleerungen von Blut und glasigem Schleim aus dem Rectum.

Diagnose: Hochgradige Retroflexio uteri, chronische Metritis et Endometritis, chronische Vaginitis, Anämie.

Es lag mir vor Allem daran, die Anämie durch Ferrum und zweckmässige Diät zu bekämpfen und die chronische Metritis und Endometritis nebst dem Geschwüre am Muttermund zu beseitigen.

Dies geschah auch mit sichtlichem Erfolge innerhalb der Monate Juni, Juli und August. Es wurde dann eine Pause von 6 Wochen in der Behandlung gemacht, welche die Kranke zum Theile zu einem Landaufenthalte benützte, der sie sehr stärkte. Mitte Oktober fand ich bei der Untersuchung den Scheiden- und Gebärmutterkatarrh verschwunden, das Ulcus vollkommen geheilt, den Uterus wesentlich kleiner — die Messung seiner Höhle ergab 7,6 Ctm. — Kreuzschmerz und Obstipation waren noch vorhanden.

Es wurde nun die mechanische Behandlung begonnen. Das Aufrichten des Uterus war immer noch ziemlich schmerzhaft, auch das Einführen des Pessarium hatte seine grosse Schwierigkeit, weil nach Entfernung der Sonde der Uterusgrund sofort in seine anormale Lage zurücksank und das gerade Pessarium nicht so gut zu handhaben ist, wie die entsprechend gebogene Sonde. Nachdem es nach mehrfachen Versuchen in der Seitenlage der Kranken endlich gelungen war mein Hebelpessarium einzuführen, traten so grosse Schmerzen auf, dass dasselbe schon nach einigen Stunden wieder entfernt werden musste. Die Schmerzen liessen dann auf lauwarme Sitzbäder und lauwarme Injectionen in vaginam bald nach, dauerten aber in gemildertem Grade mehrere Tage fort. Es stellte sich ausserdem eine geringe Blutung aus dem Uterus ein, so dass erst 8 Tage später ein erneuter Versuch mit der mechanischen Behandlung gemacht werden konnte, welcher aber einen bessern Erfolg hatte. Am 24. Oktober führte ich nach vorausgeschickter Aufrichtung des Uterus durch die Sonde das intrauterine Hebelpessarium in der Seitenlage ein und schob vor die Platte desselben — also zwischen vorderer Wand der Scheide und dem Instrumente — so wenig Watte, dass aus der hochgradigen Retroflexio eine noch ziemlich bedeutende Retroversio wurde. Die Kranke, der ich jede Thätigkeit, welche eine Anstrengung der Bauchpresse hervorrufen konnte, untersagte, hielt sich mehr ruhig, machte wenig Bewegung und war dadurch im Stande, das Instrument 2 Tage ohne besondern Schmerz zu ertragen. Die Watte wurde am 26. entfernt und durch neue in Tannin-Glycerin getauchte ersetzt und zwar in etwas grösserer Menge, so dass also die Platte mehr gegen die Mitte der Vagina gedrängt und aus der ursprünglichen Lageabweichung eine geringe Retroversio uteri wurde, die Kranke trug das Instrument nun unter geringeren Schmerzen drei Tage; es wurde nun dasselbe, welches ganz gut lag, auch entfernt und ein paar Tage kühle Injectionen in vaginam gemacht, am 3. November aber die Behandlung fortgesetzt, wobei es möglich war, den Uterus in seine normale Lage zu stellen und zu erhalten ohne besondere Schmerzen der Kranken. Sie konnte nun das Instrument dauernd vertragen, so dass nur alle 4 bis 5 Tage die Watte gewechselt und während der jedesmaligen Periode das intrauterine Hebelpessarium entfernt wurde. Anfangs Februar 1872 nahm der Uterus nach mehrtägiger Entfernung des Knickungsinstrumentes so ziemlich seine normale Lage ein (die Höhle misst 7,0 Ctm.), so dass mit der intrauterinen Behandlung ausgesetzt wurde und die Kranke nur ihre Stahlpulver fortgebrauchte, sich regelmässig 2 mal kühle Injektionen in vaginam machte, nach Bedürfniss Kaltwasserklystiere gebrauchte und sich vor stärkerer Anstrengung der Bauchpresse hütete. Die Menstrua-

Amann, Versionen u. Flexionen.

tion verlief ohne alle Kreuzschmerzen, das lästige Drücken auf das Kreuz und die Hypersekretion waren ganz geschwunden, die Kranke kräftiger, die Anämie geringer.

Mitte Juli sollte die Periode eintreten, sie blieb aber aus und zwar wegen eingetretener Gravidität, welche normal verlief. Die Patientin gebar nach 32 stündiger Geburtsdauer ein kräftiges Mädchen. Das Wochenbett verlief zwar ohne besondere Störung, aber die Kranke erholte sich nur sehr langsam. Die Periode zeigte sich 8 Wochen nach der Geburt, trat in den ersten 2 Monaten stark und unregelmässig auf, bis sie sich allmählich wieder regelte. Der Uterus zeigte bei einer Mitte September 1873 vorgenommenen Untersuchung eine leichtgradige Retroversion, war gut zurückgebildet, Uteruskatarrh gering. Auch die Blutleere ist in leichtem Grade wieder vorhanden. Die Kranke klagt aber über keinerlei Beschwerden und ist zufrieden.

9) Frau v. A., 31 Jahre alt, war als Kind gesund, wurde seit dem 17. Jahre menstruirt und zwar regelmässig, aber ziemlich stark, meist 4 Tage dauernd. Sie heirathete mit 20 Jahren, gebar 3mal, mit 21, 23 und 24 Jahren ohne irgend welche Störung. Sie war bis zum 28. Jahre gesund, von da an fühlte sie ein Unwohlsein, welches mit einem unbestimmten Schmerz im Becken auftrat, verbunden mit dem Bedürfnisse, öfter Urin zu lassen; ausserdem stellte sich stärkerer Blutabgang bei der Periode ein, welche von nun an 6 Tage und darüber dauerte. Sie fühlte sich sehr schwach, konnte nur kurze Strecken gehen und wurde häufig von hochgradiger vorübergehender Schwäche und nervösem Schwindel befallen, so dass sie oft Tage lang nicht vom Bette oder Sopha kam. Ihr Appetit war gewöhnlich schlecht und ihr Schlaf in der Regel unruhig, unterbrochen; sie erwachte häufig mit starkem Schwindel. Conception war nicht mehr eingetreten. —

Die Exploration ergab eine ausgesprochene Anteflexio, Descensus uteri, Metritis und eine leichte Endometritis chronica und allgemeine Hyperästhesie. Uterus leicht beweglich, wenig empfindlich bei Berührung, die vordere Muttermundslefze hypertrophirt, die hintere verkürzt, äusserer Muttermund klaffend, für den explorirenden Finger durchgängig. Sondiren leicht, schmerzlos, der Uterus leicht reponirbar, Länge der Uterushöhle 9,5 Ctm. Stuhl — regelmässig.

Es wurde die orthopädische Behandlung eingeleitet, welche im vorliegendem Falle leicht ausführbar war und gut vertragen wurde. Wegen Blutstase im untern Theile des Cervix wurden 3 Blutegel an die Vaginalportion gesetzt und dieses Verfahren zweimal wiederholt, was der Kranken sichtlich·gut bekam. Hierauf Anwendung des Regulators mit 8 Ctm. langem Stifte in derselben Weise wie in den früher beschriebenen Fällen.

Der erste Stift wurde im Februar 1871 eingeführt und gut vertragen; es wurde dann die Kur bis Juli fortgeführt. Der Uterus war viel kleiner geworden, (Höhle 8,0 Ctm. lang), aber die Anteflexio wenig gebessert. Die Menstruation war nicht mehr so stark, der Druck nach unten geschwunden; die Kranke fühlte kaum mehr, wie sie sagte, dass sie einen Unterleib habe, sie konnte grössere Strecken gehen, das Bedürfniss des häufigen Urinlassens war seltener. Der Appetit hatte sich bedeutend gebessert; ihr Aussehen war nicht mehr so kränklich. Patientin hatte bisweilen ununterbrochenen, sie merklich stärkenden Schlaf, wenn sie auch der Schwindel namentlich Vormittags noch immer quälte. Die interne mechanische Behandlung wurde bis·anfangs September fortgesetzt, wobei sich der örtliche wie allgemeine Zustand wesentlich gebessert zeigte. Die Kranke, welche wieder gut gehen konnte, nahm einen 4 wöchentlichen Aufenthalt im Gebirge, welcher sie sehr stärkte, ihren Appetit und Schlaf regelte und sie ganz von nervösem Schwindel befreite. ·Patientin wurde Ende Oktober wieder untersucht und dabei die Anteflexio viel geringer, aber noch nicht gänzlich beseitigt gefunden. Die weitere Behandlung, welche noch 2 Monate mit geringen Unterbrechungen fortgesetzt worden war, erzielte in so ferne eine weitere Besserung, als der Urin in grossen Zwischenräumen wie früher wieder gelassen werden konnte, die Kranke sich überhaupt ganz wohl fühlte, während ein ganz leichter Grad der Anteflexio noch fortbestand.

Die Kur wurde Mitte Dezember ausgesetzt. Anfangs Mai 1872 concipirte Patientin, was seit 7 Jahren nicht mehr der Fall war, ein Beweis dafür, dass die Anteflexion so viel wie beseitigt war. Schwangerschaft und Geburt verliefen normal und die Kranke befindet sich bis zum Augenblicke in jeder Beziehung wohl. Die vor einigen Monaten ausgeführte innere Untersuchung ergab eine geringe Vergrösserung und normale Lage des Uterus. —

10) J. A., 26 Jahre, war als Kind gesund, entwickelte sich kräftig, wurde mit 15 Jahren zum ersten Male menstruirt und fortan

regelmässig, wenn auch schwach bis zum 20. Jahre, wo nach einer
Erkältung während der Periode die menstruale Blutung, plötzlich
sistirte. Von dort an war sie amenorrhoisch, hatte aber alle 4 Wochen anstatt der menstrualen Blutung heftige, 2—3 Tage dauernde
Schmerzen im Kreuze, später auch im Unterleibe, so dass sie desshalb das Bett nicht verlassen konnte. Appetit und Verdauung blieben dabei in Ordnung. Mit 23 Jahren heirathete sie und ihre
Umgebung gab sich der Hoffnung hin, dass es nun besser werde;
indess trat das Gegentheil davon ein. Die Kranke hatte vom ersten Monate ihrer Verheirathung an neben der fortbestehenden Amenorrhoe wieder Schmerzen im Kreuz und Unterleib in noch viel höherem
Grade; es gesellten sich dazu noch allgemeine Convulsionen und
Lachkrämpfe, die mit kurzen Unterbrechungen mehrere Stunden
lang dauerten. Die Kranke war dann nach Ablauf dieser Zeit
stets mehrere Tage arbeitsunfähig. Dieser Zustand dauerte nach
der Erzählung der Kranken 6 oder 7 Monate mit gleicher Heftig-
keit an, um dann kataleptischen Anfällen, welche ebenfalls nur
zur Zeit der Menstruation auftraten, Platz zu machen.

Es wurden die verschiedensten Mittel gegen diese Nervenzu-
stände angewendet, allein vergebens. Die Kranke hatte auch nie
concipirt. In ihrem 24. Jahr, im September 1871 kam sie in
meine Behandlung und ergab die Untersuchung folgendes:

Kräftige Frau mit frischem Aussehen und gutem Puls; Muskulatur stark entwickelt, mässiger Fettansatz. Bei der innern Untersuchung fand ich den Uterus leicht vergrössert nach hinten flektirt,
beweglich, ziemlich empfindlich.

Patientin bekam auch in Folge der ersten Untersuchung leichte
klonische Krämpfe, welche aber durch moralische Einwirkung in
10 Minuten vorüber waren. Leichter Gebärmutter- und Scheidenkatarrh. Bei der Exploration mit dem Speculum fand ich die Vaginalportion sehr hyperämisch und am Muttermund einzelne Zweige
varikös ausgedehnter Venen sowie eine Erosion an der hintern
Muttermundslefze. Sondiren war wegen der dadurch entstandenen
Schmerzen nicht möglich.

Diagnose: Retroflexio uteri, leichtgradige Metritis
und Endometritis, Vaginitis chronica. Katalepsie.

Es wurden wegen der vorhandenen beträchtlichen Hyperämie
in Zwischenräumen von 14 Tagen dreimal je 3 Stück Blutegel an
die Portio vaginalis gesetzt und eine mehrstündige Nachblutung

unterhalten, ferner Injektionen von kühlem Wasser täglich 2 Mal in vaginam ordinirt und der Stuhlgang durch Kaltwasser-Klystiere geregelt. Schon nach 4 Wochen zeigte sich eine wesentliche Besserung nicht bloss der Hyperämie und der Hypersekretion sondern auch der Hyperästhesie; es kam zu keinem kataleptischen Anfalle mehr, wenn auch um die Zeit der Periode noch bedeutende Schmerzen im Kreuze vorhanden waren, welche beinahe einen ganzen Tag anhielten. Mitte Oktober begann ich den Katarrh des Uterus und der Vagina zu behandeln, welcher schon in einigen Wochen nebst der Erosion vollständig geschwunden war. Ich suchte nun auch die Sonde in den Uterus einzuführen, was früher nicht gelungen war. Diesmal gelang es, wenn auch mit grossen Schwierigkeiten und Schmerzen in der Seitenlage der Kranken; der Sondenknopf konnte nur mühsam über die Knickungsstelle hinweggeführt werden. Die Aufrichtung des Uterus durch die Sonde wurde bewerkstelligt. Länge der Uterushöhle 8,5 Ctm. Nach Entfernung der Sonde liessen die Schmerzen nach und verschwanden allmählig ganz; indess stellte sich ein Zustand hochgradigen Erregtseins bei der Kranken ein und ungefähr eine Stunde später heftiges Kopfweh und bald darauf ein ausgesprochener Anfall von Katalepsie, welcher über 4 Stunden dauerte und von dem die Kranke mit grossem Schwächegefühl und Kopfschmerzen erwachte. War es auch nicht gerade angenehm, das Sondiren zu wiederholen, so rieth ich der Kranken gerade wegen des Zustandes ihres Nervensystems zu einem erneuten Versuche der Aufrichtung des Uterus mit darauffolgender Anwendung des Intrauterinpessarium, weil ich annehmen zu müssen glaubte, dass eine erfolgreiche Behandlung der Retroflexio uteri einerseits das Conceptionshinderniss beheben und andrerseits das ausschliessliche Mittel zur Hebung der durch das örtliche Leiden hervorgerufenen Funktionsstörungen des Gesammtnervensystems sei. Meine Voraussetzung war durchaus richtig. Ich liess die kühlen Injektionen fortsetzen, und leitete nach einigen Tagen die mechanische Behandlung ein. Die Einführung meines intrauterinen Hebelpessarium gelang nach der unmittelbar vorher durch die Sonde bewirkten Aufrichtung des Uterus ziemlich leicht und wurde das Instrument anfangs wegen der durch dasselbe auftretenden hysterischen Krämpfe nur einige Tage, später aber Wochen lang ununterbrochen vertragen, so dass nur alle 4 Tage die alte Watte durch neue in Tanninglycerinlösung getauchte ersetzt wurde. Um die Zeit der nun schwach aber schmerzlos und ohne Krämpfe eingetretenen Periode wurde das Knickungsinstrument entfernt. Die Behandlung wurde bis Mitte Februar 1872 fortgesetzt und dann, da der Uterus (Höhle 6,5 Ctm.) eine ganz normale Stellung eingenommen und seine Empfindlichkeit verloren hatte, ausgesetzt. Die nervösen Anfälle waren soviel wie verschwunden, die Menstruation, wenn auch schwach, wieder eingetreten, und nur eine leichtgradige allgemeine Hyperästhesie machte sich hie und da noch geltend. Da die Vaginalportion wieder hyperämisch war, wurde die Application von Blutegeln wiederholt. Jetzt December 1873 wurde ich von der Kranken wieder consultirt, doch konnte ich dieses Mal zu ihrer grössten Freude Schwangerschaft im 5. Monat constatiren. Die kataleptischen Anfälle sind verschwunden.

11) v. T. aus Petersburg, 25 Jahre alt, kräftig gebaut, bleich, war als Kind schwächlich, entwickelte sich erst mit 17 Jahren und war stets schwach menstruirt, die Periode setzte oft 6, 8 Wochen aus; sie litt häufig an Herzklopfen, Müdigkeit, Orthopnoe, Migraine. Ihr Stuhlgang war meist 4, 5 Tage angehalten und musste sich die Kranke mit Kaltwasserklystieren nachhelfen. Sie heirathete mit 19 Jahren, bald darauf zog sie sich durch Erkältung eine Urocystitis und Metritis acuta zu, an welcher sie 6 Wochen darniederlag. Ich übernahm die Kranke bald darauf Dezember 1870, wo sie noch an häufigem Bedürfniss Urin zu lassen, an hochgradiger Empfindlichkeit der Harnblase, der Gebärmutter und Scheide litt, sowie an Dysmenorrhoe, Fluor albus und Anämie. Bei der am 4. Januar 1871 vorgenommenen, inneren Untersuchung wurde die vermehrte Schleimabsonderung, Vergrösserung (8,0 Ctm.) und erhöhte Empfindlichkeit des Uterus und der Harnblase sowie eine ausgesprochene Anteversio uteri mit Descensus der vorderen Scheidenwand und Cystokele konstatirt; ausserdem ein kleines erhärtetes Exsudat in der Excavatio vesico-uterina, welches die Beweglichkeit des antevertirten Uterus sehr verminderte, weshalb die Sondenaufrichtung sehr schwer, erst nach wiederholten Versuchen ausführbar und dabei ziemlich schmerzhaft war.

Gegen die vorhandene Anämie wurde Stahl und roborirende Diät ordinirt und gegen das Exsudat 18 Soolenbäder, (8 Mass Soole auf 1 Bad zu 27° R., 10—15 Minuten); ausserdem wurde der Kranken ein mehr ruhiges Verhalten, namentlich Nichtanstrengung der Bauchpresse, angerathen. Im Bade selbst wurden Injektionen in vaginam von lauwarmem Wasser gemacht. Die Kranke fühlte sich im Bade sehr behaglich und bemerkte bald, dass die Empfindlichkeit ihres Unterleibs abnehme; auch bei der vorgenommenen Exploration war die Empfindlichkeit sehr gering. Uriniren kam zwar noch sehr häufig, aber doch nicht mehr so oft, wie früher vor. Die Anteversio hatte sich indess nicht gebessert. Sondiren, welches durch die Hochgradigkeit der Lageabweichung sehr erschwert war, verursachte immer noch so viele Schmerzen, dass an eine mechanische Behandlung der Version nicht gedacht werden konnte. Da der Uterus noch sehr hyperämisch war, wurden 3 Stück Blutegel an die Vaginalportion gesetzt und die kühlen Injektionen in vaginam noch mehrere Wochen fortgebraucht.

Im März wurden die Verhältnisse ungleich günstiger für die mechanische Behandlung. Dieselbe konnte anfangs April 1871 mit einem 6,5 Ctm. langen Stifte ausgeführt werden. Anfänglich konnte das Instrument wegen der durch dasselbe bedingten Beschwerden nur 1—2. Tage ununterbrochen getragen werden; nach Ablauf von 4 Wochen aber wurde es 8 bis 10 Tage vertragen, so dass also nur alle 3 bis 4 Tage die Watte gewechselt werden musste, während das intrauterine Hebelpessarium in der demselben gegebenen Lage blieb. Da nach 3 monatlicher derartiger Behandlung der Uterus seine normale Lage wieder einnahm und die Kranke zugleich sich kräftiger fühlte, wurde Mitte Juni eine Pause in der mechanischen Behandlung gemacht. Zu meiner und der Kranken grossen Ueberraschung blieb schon im September die Periode aus; es stellten sich Uebelkeiten, morgendliches Wassererbrechen und anderweitige Symptome ein, welche Verdacht auf stattgehabte Conception erregten. In der That stellte sich später dieser Verdacht als begründet dar. Der Verlauf der Schwangerschaft war normal. Die Geburt Mitte Juni 1872 dauerte sehr lange an (30 Stunden) und endete mit der Zutageförderung eines kräftigen Mädchens durch die Zange. Das Wochenbett nahm einen ungestörten Verlauf; die Wöchnerin durfte vor 12 Tagen das Bett nicht verlassen und musste sich mit Rücksicht auf ihre frühere Affection mehrere Wochen recht vorsichtig verhalten. Die Ende Juli vorgenommene Exploration ergab eine normale Rückbildung und Lage des Uterus (Höhle 6,5 Ctm.). Die Frau stillte ihr Kind bis Ende Oktober. Mitte Dezember concipirte sie neuerdings, machte aber anfangs März durch Erkältung veranlasst eine Fehlgeburt durch, wobei sie viel

Blut verlor — ich fand sie förmlich im Blute schwimmend. — Sie erholte sich davon, obwohl unter günstigen Verhältnissen im Gebirge lebend, nur langsam. Die nach dem Abortus aufgetretene chronische Vaginitis wurde lediglich durch kühle Injectionen, welche sich Patientin täglich mehrmals machte, behandelt und zwar mit Erfolg. Die Lage des gut zurückgebildeten Uterus im Mai 73 war normal. Mitte August wurde sie wieder schwanger und war der Verlauf der Schwangerschaft bis heute ohne die geringsten Beschwerden.

12) K. S., Köchin von hier, 25 Jahre alt, schwächlich, mangelhafte Entwicklung der Muskulatur mit geringem Fettansatz, bleiches Aussehen, schwacher Puls. War ein schwächliches Kind, litt häufig an Hyperästhesie und Fraisen bis zum 10. Lebensjahre. Von dort an war sie kräftiger, so dass sie mit 15 Jahren gut entwickelt war. Ihre Mutter und ihre Geschwister waren nach ihrer Angabe kräftig und gesund. Die Menses kamen bei ihr mit 15 Jahren zum ersten Male, waren mehrere Monate schwach und unregelmässig, hie und da 6, 8 Wochen aussetzend. Mit dem Eintritte der Menstruation zeigten sich auch wieder die Erscheinungen hochgradiger Hyperästhesie, wie sie in den Kinderjahren vorhanden waren und sich damals durch Fraisen ausdrückten. Im 17. Lebensjahre, in welchem die Periode stärker und mit Krämpfen auftrat, stellten sich anfänglich nur während der Menstruation (gewöhnlich vor dem Eintritte der menstrualen Blutung) heftige Lach- und Weinkrämpfe ein, welche stets mehrere Minuten anhielten und mit Schmerzen auf der Brust endigten. Diese Krämpfe traten dann allmählig auch ausser der Zeit der Periode, durchschnittlich alle 8—10 Tage, meistens nach stärkerer Aufregung auf. Einige Monate später kamen sie durchschnittlich jede Woche 2—3mal, ohne dass dann kaum mehr eine Gelegenheitsursache ermittelt werden konnte. Die Kranke, welche einen ziemlich anstrengenden Dienst zu versehen hatte, magerte rasch ab und wurde so schwach, dass sie ausser Stande war, ihren Dienst weiter zu versehen.

Am 18. Mai 1871 übernahm ich sie in ärztliche Behandlung. Die innere Untersuchung zeigte eine hochgradige Vorwärtsbeugung des sehr vergrösserten, beweglichen und bei Berührung empfindlichen Uterus. Neben der chronischen Metritis eine leichte chronische Endometritis und Vaginitis. Die Vagina war sehr empfindlich und es trat bei dem Einführen des explorirenden Fingers sofort eine spastische Contraction derselben ein, welche die Untersuchung sehr erschwerte. Die Sonde konnte wegen der Enge des Cervix trotz wiederholter Versuche nicht über den inneren Muttermund hinweggeführt werden, und es stellten sich wegen der langen Dauer des Sondirens die Lachkrämpfe in heftigem Grade ein. Ein zweiter nach 3 Tagen erneuerter Versuch ergab dasselbe negative Resultat, indess ohne hysterische Krämpfe. Patientin zeigte auch entschiedenes Widerstreben gegen jede weitere örtliche Untersuchung oder Behandlung, weil sie fürchtete, die Krämpfe möchten noch ärger werden.

Es blieb daher vorderhand nichts anderes übrig, als gegen die Hyperäthesie der Geschlechtstheile anzukämpfen. Es wurden anfänglich lauwarme (24⁰ R.) Sitzbäder und Injectionen in vaginam täglich 2mal ordinirt, (später mit Wasser niederer Temperatur, 20, 18, 16) und siehe, in Zeit von 3 Wochen war die Empfindlichkeit so vermindert, dass eine weitere innere Exploration versucht und ausgeführt werden konnte. Der Uterus konnte mit der Sonde überraschender Weise ohne besondere Schmerzen und ohne Lachkrämpfe in seine normale Lage zurückgeführt werden; die Länge seiner Höhle betrug 9,5 Ctm.; das Endometrium war aufgelockert, hyperämisch und von mässiger Menge Secret überdeckt. Der Vaginismus war allerdings noch vorhanden, aber nicht in dem Grade, dass er für die örtliche Behandlung ein wesentliches Hinderniss abgab. Wegen der bedeutenden Hyperämie des Uterus wurden epische Blutentziehungen gemacht und die Injectionen mit kühlem Wasser regelmässig fortgesetzt. Die Uterushöhle war von 9,5 auf 8,0 Ctm. zurückgegangen. Die Anschwellung und Empfindlichkeit des Organs geringer; auch die Schmerzen bei der Periode weniger heftig; die Lach- und Weinkrämpfe hatten aber eher zugenommen, wenigstens traten sie häufiger auf. Die hochgradige Anteflexion bestand unverändert fort.

Am 25. Juni (71) wurde nicht ohne Mühe und nach vorausgeschickter Erweiterung des Cervix mit Laminaria digitata das Intrauterinpessarium mit einem 7 Ctm. langen Stift eingeführt, der Uterus in normale Lage gebracht und wie sonst das Instrument mit Wattetampon gestützt. Kaum hatte ich Patientin verlassen, als ein sehr bedeutender, mit kurzer Unterbrechung 20 Minuten dauernder Lachkrampf auftrat. Die Kranke erholte sich von demselben und ich nahm daher keine Veranlassung, den Stift zu entfernen, sondern wechselte am 3. Tage nach seiner Einführung die Watte, was ohne Nachtheil für die Kranke geschah. Es wurde dann mit der mechanischen Behandlung fortgefahren bis zum Eintritt der nächsten Menstruation, wo das Instrument entfernt wurde. Zehn Tage nach dem Einlegen des Pessarium wiederholte sich der Lachkrampf in leichterem Grade und ebenso bei dem Eintritte der nächsten Menstruation. Nach derselben Fortsetzung der Cur 3 Monate lang, wobei die Lach- und Weinkrämpfe nur mehr in leichtem Grade sich wiederholten. Die Lage des Uterus (seine Höhle misst 7,5 Ctm.) war eine nahezu normale geworden und wurde daher die mechanische Behandlung ausgesetzt. Die Lach- und Weinkrämpfe traten in ganz leichtem Grade und da nur nach ganz besonderen Veranlassungen auf — einmal bei künstlicher Eröffnung eines grossen Forunkels, welcher die Patientin ein paar Nächte nicht hatte schlafen lassen und sie schwächte; ein anderes Mal in Folge eines grossen Schreckens durch das Herunterfallen eines Wassereimers beim Aufziehen — und verloren sich nach einem halben Jahre ganz.

13) Sch. aus München, 32 Jahre, war als Kind gesund und kräftig und wurde mit 14 Jahren zum ersten.Male menstruirt; von dort an regelmässig bis zu ihrem 24. Lebensjahre, wo sie heirathete und bald darauf concipirte. Im 4. Monate abortirte sie in Folge grossen Schreckens unter sehr starken, 4 Wochen dauernden Blutverlusten. Sie wurde dadurch sehr geschwächt, anämisch und erholte sich trotz längerem Landaufenthalte nicht mehr vollständig. Es hatte sich eine starke Uterinblennorrhoe bei ihr eingestellt. Sie machte eine Kaltwasserkur ohne irgend welchen Nutzen durch, ging zweimal nach Schwalbach, wo sie sich vorübergehend auf 2 oder 3 Monate stärkte und dann immer wieder in ihren alten Zustand der allgemeinen Schwäche zurückverfiel, namentlich nahm der weisse Fluss eher zu als ab und die Menstruation war stets · sehr profus und in den ersten 2 Tagen regelmässig von den heftigsten Uterinkoliken begleitet, dauerte 6, 8 bis 10 Tage. Am 4. Februar 1871 suchte sie bei mir ärztliche Hilfe. Sie sah ziemlich mager und bleich aus, hatte ein gedunsenes Gesicht, blaue Ringe um die matten Augen, klagte über Müdigkeit, häufige Athemnoth, leichten Husten, Herzklopfen, und war sehr gedrückter Stimmung. Ihr Zustand sagte sie, habe sich in den letzten Jahren sehr verschlimmert; sie müsse ein böses Leiden haben, weil sie

sehr vom Fleisch falle und nicht mehr ruhig schlafen könne, auch keinen rechten Appetit habe. Sie litt ferner an hartnäckiger Obstipation; gewöhnlich hatte sie nur alle 4 bis 5 Tage harten, mit Schmerzen verbundenen Stuhlgang, wobei häufig auch Blut abging. Sie leide jedoch schon seit vielen Jahren an Hämorrhoidalbeschwerden, Kreuzweh, Drücken und Hitze am After mit regelmässigem Heraustreten des Rectum beim Stuhle; auch gehe sehr häufig Schleim aus dem Mastdarm ab. — Uriniren war kaum häufiger als früher und schmerzlos. Bei der Untersuchung fand ich die Scheide schlaff, an der vorderen Wand faltig und herabgedrängt, den Uterus stark anteflectirt, sehr vergrössert und beweglich. Die Sondenuntersuchung ergab eine Länge des Cavum von knapp 10 Ctm. Die Sonde war schwer einzuführen und für die Kranke ziemlich schmerzhaft, namentlich bei der Aufrichtung des Organs. Die Mucosa am Muttermund sehr aufgelockert, ringförmiges follikuläres Geschwür.

Diagnose: hochgradige Anämie, hochgradige Anteflexio uteri mit chron. Metritis und Endometritis, Ulcus folliculare, Hyperästhesia universalis.

Die Behandlung konnte hier nicht eine sofortige mechanische sein, sondern es musste vor Allem auf Beseitigung der Anämie und Stärkung des Gesammtorganismus Bedacht genommen werden, daher ich einerseits Eisenpräparate mit grösseren Dosen Rhabarber — letzteren um zugleich den Stuhl zu regeln — und kräftige Nahrung, Bewegung im Freien ordinirte, andererseits kühle Injectionen machen liess, um die Hypersecretion, Auflockerung und Hyperästhesie des Uterus zu vermindern. Es wurde auch der Uterincatarrh durch regelmässige Cauterisation mit Lapis und das follikuläre Geschwür mit Chromsäure behandelt und letzteres in 4 Wochen beseitiget. Nach 6 wöchentlicher derartiger Cur wesentliche Besserung des Zustandes und Ermöglichung der mechanischen Behandlung bei wesentlicher Abnahme des Uterus. Die Messung seines Cavum durch die Sonde ergab nur mehr 8 Ctm. Es wurde nun mein Pessarium mit einem 7 Ctm. langen Stifte eingeführt, was ohne besondere Mühe und Schmerzen geschah, der Uterus dann durch Wattetampon in der gewöhnlichen Weise in seine normale Lage gebracht und darin erhalten. Die Watte wurde alle 3 bis 4 Tage gewechselt. Die Uterinalkoliken wurden durch die mechanische Behandlung viel schwächer. Nach 2 monatlicher Cur

setzten dieselben ganz aus. Da die Lage des Uterus normal war
— auch seine Länge hatte noch um $\frac{1}{2}$ Ctm. abgenommen — so
wurde die orthopädische Behandlung ausgesetzt, die Kranke musste
aber die früher ordinirten kühlen Injectionen regelmässig wieder
fortsetzen und wurde der Uteruscatarrh, welcher auch nach der
mechanischen Behandlung noch in bedeutendem Grade vorhanden
war, durch die gewöhnlichen Mittel behandelt und nach 16 wöchentlicher Cur vollständig beseitigt. Die Kranke sah viel besser aus,
war kräftiger geworden, ihre Muskulatur hatte zugenommen, die
Menstruation war weniger stark, Uteruscatarrh nebst Geschwür beseitiget; sie konnte weit gehen, war nicht mehr gedrückter Stimmung; allein ein Herzenswunsch, Familie zu bekommen, wurde bis
vor zwei Monaten (also $1\frac{1}{2}$ Jahre nach der Cur), wo ich sie das
letzte Mal sah und innerlich untersuchte, nicht erfüllt, obwohl der
Uterus in normaler Lage sich befindet und die Functionen der
Sexualorgane geregelt sind.

14) J. A. Schuhmachersgattin, 34 Jahre, nie geboren, wurde
poliklinisch behandelt. Dieselbe war in der Kindheit schwächlich,
mit 16 Jahren zum ersten Male menstruirt und dann fortan regelmässig. Patientin heirathete mit 25 Jahren und war gesund bis
zum 30. Jahre. Da zog sie sich während der Menstruation eine
Erkältung mit darauffolgender Metritis und Perimetritis zu, an welcher sie über 4 Wochen krank darnieder lag. Nachdem sie sich
langsam von dieser sie sehr schwächenden Krankheit erholt hatte,
trat die Periode wieder ein; dieselbe war schwach und von heftigen Schmerzen begleitet; ausserdem war Patientin sehr reizbar.
Die nächste Menstruation trat etwas stärker auf, aber auch die
Uterinalkoliken, welche sich bei derselben wieder einstellten, waren eher noch heftiger. Auch anhaltende Kreuzschmerzen traten
auf. Auf Ordination ihres Arztes gebrauchte sie leichte Soolenbäder (18) und fühlte bald darauf merkliche Besserung. Indess
zeigte sich ein immer mehr zunehmender weisser Fluss, welcher
die Kranke ununterbrochen belästigte und, wie sie glaubt, sehr
schwächte. Sie kam im November 1871 in die gynäkologische Poliklinik und wurde bei ihr Folgendes festgestellt:

Mittelgrosse, bleich aussehende, eher magere Person, welche
älter aussieht als sie ist. Durch die innere Untersuchung lässt
sich eine ausgesprochene Retroflexio uteri mit bedeutender
Vergrösserung des Organs, sowie chron. Endometritis

mit Vaginitis nachweisen. Die Anwendung der Uterussonde
gelang das erste und zweite Mal wegen bedeutender Enge des Cervix an der Knickungsstelle nicht, obwohl eine beiläufige Streckung
des Organs mit der noch freien Hand wiederholt versucht worden
war. Auch die Empfindlichkeit der Vagina und des Uterus war
so gross, dass es gerathen erschien, von weiteren Versuchen abzusehen. Es wurden kühle Injectionen ordinirt und bei Abnahme
der Hyperästhsie Laminaria digitata zur Erweiterung des Cervix mit grosser Schwierigkeit und unter bedeutenden Schmerzen
eingelegt, welche über Nacht den Cervix bei mässig andauernden
Schmerzen erweiterte und dadurch die enge Knickungsstelle so
ausdehnte, dass die Sonde eingeführt werden konnte. Länge des
Cavum uteri 8,0 Ctm. Da die Hyperämie des Uterus bedeutend
und die Hyperästhesie noch immer in dem Grade vorhanden war,
dass eine dauernde Aufrichtung voraussichtlich von der Kranken
nicht ertragen werden konnte, musste eine Art Vorbereitungskur
der mechanischen Behandlung vorausgeschickt werden.

Es wurden daher wiederholt je 3 Stück Blutegel an die Vaginalportion gesetzt, regelmässig täglich zwei kühle Injectionen in
vaginam gemacht, für regelmässige Stuhlentleerung gesorgt und
durch Monate lang fortgesetzten Gebrauch von Carbon. ferr. sacchar.
in Verbindung mit kleinen Dosen Rhabarber die Anämie und der
zum Theile daraus hervorgehende Schwächezustand bekämpft. Die
örtliche Behandlung der chronischen Endometritis und Vaginitis
hatte nahezu einen vollständigen Erfolg. Auf diese Weise wurde
die Kranke sehr gebessert und die Wahrheit v. Scanzoni's
Ansicht bestätigt, dass ohne interne mechanische Behandlung der
Kranken auch viel gedient werden könne; indess war die Retroflexion des allerdings nicht unwesentlich verkleinerten Uterus wie
vorher vorhanden und auch die lästigen dysmenorrhoischen Sym-
tome waren nicht geschwunden. Die Indication für die Einleitung
der mechanischen Behandlung war daher durch diese Momente sowie durch die vorhandene Sterilität gegeben. Eine dreimonatliche,
fast ununterbrochene Anwendung des intrauterinen Hebelpessarium
bewirkte eine normale Stellung des Uterus auch nach der Entfernung
des letzteren und beseitigte die erwähnten dysmenorrhoischen Erscheinungen. Patientin trat im Dezember 1872, ganz zufrieden-
gestellt durch den Erfolg, aus der Poliklinik, in welche sie am
2. Juni 1873 mit leichteren Erscheinungen, chronischer Endome-

94

tritis und ohne concipirt zu haben, wieder eintrat. Die Lage des Uterus wurde indess als normal befunden.

15) W. R., 32 Jahre, Maurersfrau, poliklinisch behandelt. Dieselbe war als Kind gesund, entwickelte sich regelmässig. Eintritt der Menses mit 15 Jahren; nach $\frac{1}{2}$jähriger Dauer kam es durch die Entwicklung von Chlorose, zur Amenorrhoe, welche nahezu 2 Jahre bis zum Verschwinden der sie veranlassenden Chlorose fortdauerte. Von da an (vom 18. Lebensjahre) war Alles in Ordnung und hatte die Kranke keine Klage mehr. Sie heirathete mit 23 Jahren und gebar rasch hintereinander 4 Kinder bis zu ihrem 28. Jahre. Obwohl Schwangerschaft und Geburt sowie das Puerperium stets gut verlaufen waren, so kamen doch bald die Wirkungen der durch drängende äussere Verhältnisse meist vernachlässigten und rasch aufeinander folgenden Wochenbetten — die Kranke arbeitete bei den zwei Perpuerien angeblich schon am 2ten oder 3ten Tage nach der Geburt — es wurde die Periode stärker, länger dauernd und meist so schmerzhaft, dass Patientin zwei, manchmal drei Tage das Bett nicht verlassen konnte; auch hatte sich ein starker, weisser Fluss, wie sie angibt, seit dem letzten Wochenbette eingestellt, welcher sehr lästig war und sie in hohem Grade schwächte. Sie litt an hartnäckiger Obstipation, hatte häufig Kreuzschmerzen und das Gefühl, als trete ihr ein Körper aus dem Unterleibe, wesshalb sie nicht mehr weit gehen und namentlich nicht länger stehen konnte. Später trat ein vorübergehender paretischer Zustand der unteren Extremitäten ein. R. wurde am 18. Oktober 1872 in der Poliklinik genau untersucht und bei ihr Folgendes gefunden: Unterleib voluminös, schlaff; die Vagina weit, aufgelockert, faltenlos, die hintere Wand derselben gesenkt, der Scheidentheil vergrössert, namentlich die hintere Lefze, die vordere verkürzt, der Muttermund klaffend, die Schleimhaut des Cervix aufgelockert, mit zähem glasigen Secret überzogen. Der Uterus ist spitzwinklig retroflectirt, wesentlich vergrössert, bei Berührung wenig empfindlich. Die Einführung der Sonde gelingt leicht und ohne irgend welche Schmerzen für die Kranke, der Uterus lässt sich mittels derselben leicht aufrichten; die Länge der Uterushöhle beträgt 8,5 Ctm. Es wurde 6 Wochen lang bis Anfang Dezember die chronische Metritis und Endometritis mit Erfolg behandelt und dann die interne mechanische Behandlung in der gewöhnlichen Weise mit einem 7 Ctm. langen Stift — die Uterus-

höhle hatte sich auf 7,7 Ctm. verkürzt Monate lang mit geringen
Unterbrechungen ausgeführt. Die Kranke befand sich nach der
erstmaligen Einführung des Instrumentes sehr wohl, so dass sie
10 Tage lang nicht mehr in die Poliklinik kam und also bei ihr
nicht bloss das Instrument, sondern auch die als Stütze dienenden
in Glycerin-Tanninlösung getauchten Tampons 10 Tage lang ununterbrochen in der Vagina gelegen waren. Bei der Entfernung
derselben entwickelte sich übler Geruch, indess fand man sie ebenso wie das Instrument genau in derselben Lage, in welche sie bei
der Einführung gebracht worden waren. Es wurde dann das Instrument für ein paar Tage, innerhalb welcher die Kranke sich
mehrmals kühle Injectionen machen musste, entfernt; aber die
Kranke vermisste dasselbe so sehr, dass sie in die Poliklinik kam
und um die Einführung desselben bat, weil sie sich dadurch so erleichtert fühle, und nur mit dem eingeführten Instrumente ihre häuslichen Arbeiten verrichten könne. Auch nachdem die Cur schon einige Wochen
gedauert hatte und das Instrument versuchsweise entfernt worden
war, hatte sie dasselbe Bedürfniss nach dem Instrumente, dass
sie stets einen Tag nach der Entfernung desselben in die
Poliklinik kam mit der Bitte, ihr das Instrument wieder
einzuführen. Sie wurde Mitte März 1873 aus der Behandlung entlassen, da nicht bloss die Erscheinungen, sondern auch die Flexion
als beseitigt betrachtet werden konnten. Die Kranke untersuchte
ich vor 4 Wochen wieder und fand den Uterus normal (seine
Höhe misst 7,2 Ctm.), auch klagte sie über keinerlei Beschwerden
und war sehr glücklich über den Erfolg.

16) L. v. R., Gutsbesitzersgattin aus Norddeutschland, 33
Jahre alt, war als Kind nie krank, entwickelte sich mit 16 Jahren und war von dieser Zeit an regelmässig menstruirt und fort-
während gesund. Bald nach ihrer Verheirathung im 20. Jahre
concipirte sie und wurde am normalen Ende der Schwangerschaft
von einem kräftigen Knaben durch die Zange entbunden. Das
Puerperium verlief ohne irgendwelche Störung. Die Kranke verliess schon am sechsten Tage das Bett, um sich der Pflege ihres
Kindes zu widmen. Am 15. Tage nach der Geburt stellten sich
ihrer Angabe nach sehr starke, drei Wochen dauernde Blutungen
aus den Geschlechtstheilen ein, durch welche sie sehr geschwächt
wurde und von denen sie sich nur langsam erholte. Indess war

ein halb Jahr nach der Geburt wieder Conception eingetreten; Schwangerschaft und Geburt verliefen normal; sie hielt sich dieses Mal auch im Wochenbette besser als das erste Mal. Trotzdem konnte sie zu keiner „rechten Kraft" kommen, wie sie angab. Der Wochenfluss ging in einen anhaltenden weissen Fluss über, an dem sie seither leidet. Auch die Periode, welche neun Wochen nach der Geburt das erste Mal wieder eintrat, war stark, von heftigen Uterinalkoliken begleitet, hielt stets 6 bis 8 Tage an und kehrte alle 3 Wochen wieder. Sie litt ausserdem an hartnäckiger Obstipation und heftigen Kreuzschmerzen und nervösem Schwindel, so dass sie zu jeder, selbst geringen körperlichen oder geistigen Anstrengung unfähig war.

An diesen Zuständen, welche sich eher verschlimmerten als besserten, litt sie nahezu ein ganzes Jahr und kam mit denselben im Januar 1871 in meine Behandlung.

Sie sah bleich aus, hatte einen kleinen Puls und war abgemagert. Bei der inneren Exploration fand ich die Vagina weit, schlaff, den Uterus sehr empfindlich, dessen Höhle 9,5 Ctm. lang; der Uterusgrund belastete das hintere Scheidengewölbe und drängte es wesentlich herab. Das retroflectirte Organ konnte nur mit Mühe und unter beträchtlichen Schmerzen durch die Sonde aufgerichtet werden. Unmittelbar nach der Entfernung der Sonde sank der Uterus wieder in seine abnorme Lage zurück und drängte das hintere Scheidengewölbe sofort so tief wie vor seiner Aufrichtung herab. Bei der Bloslegung des Muttermundes zeigte sich an der hinteren Lefze ein grösseres papilläres Geschwür und profuse schleimige Absonderung aus dem Cavum uteri; auch chronische Vaginitis war vorhanden. Die Behandlung der chronischen Metritis, Endometritis und Vaginitis sowie des genannten Ulcus dauerte nahezu 3 Monate und besserte sich dadurch auch das Allgemeinbefinden der Kranken wesentlich; die Hypersecretion des Endometrium sowie der Vagina waren geschwunden, das Geschwür geheilt, die Uterushöhle auf 8,5 Ctm. verkürzt. Auch die menstruale Blutung war nicht mehr so hochgradig; allein die Menstrualkoliken, die heftigen Kreuzschmerzen, sowie die hartnäckige Obstipation mit heftigen Schmerzen bei der Defäcation waren nahezu unverändert geblieben. Es wurde nun anfangs April die mechanische Behandlung mit unserem intrauterinen Hebelpessarium eingeleitet.

Die Sondirung und Aufrichtung des geknickten Organs war

schwierig und ziemlich schmerzhaft; die Einführung und Feststellung des Hebelpessarium indess leichter und beinahe schmerzlos. Nachdem die Kranke 2 Tage das Instrument ohne Schmerzen getragen und dabei ihre gewohnten Beschäftigungen verrichtet hatte, wurde die Watte wie immer gewechselt (wobei das Intrauterinpessarium in unveränderter Lage gefunden wurde) und durch neue ersetzt, 4 Tage darauf wiederholter Austausch der Watte bei unveränderter Lage des Instrumentes. Die Kreuzschmerzen hatten sich schon am 6. Tage nach der Anwendung unseres Hebelpessarium wesentlich vermindert und die Obstipation war geringer geworden. Einige Tage nach der wiederholten Feststellung des Instrumentes stellten sich Schmerzen im Unterleibe ein, welche so zunahmen, dass die Kranke sich zu Bette legen musste und Tags darauf nach mir schickte. Ich fand den Unterleib bei stärkerem Druck schmerzhaft, mässiges Fieber (der Puls machte 96 Schläge in der Minute, die Temperatur nicht wesentlich erhöht); bei der inneren Exploration zeigten sich die characteristischen Erscheinungen der acuten Endometritis und Vaginitis. Ich entfernte das Instrument, nachdem es 10 Tage unverändert im Uterus gelegen, am 14. April, liess Injectionen von lauem Wasser (24⁰ R.) in vaginam machen, worauf sich die entzündlichen Erscheinungen rasch verloren. Die einige Tage später eintretende Periode war allerdings ziemlich stark, verlief indess schmerzlos. Die nach derselben vorgenommene Untersuchung ergab eine bedeutende Verminderung der Rückwärtsbeugung. Die Kranke, welche mit dem Erfolge der Kur sehr zufrieden war, musste Familienverhältnisse wegen von hier fort und wurde desshalb die mechanische Behandlung unterbrochen.

Sobald es ihre Verhältnisse erlaubten, kam sie zur Fortsetzung der mechanischen Behandlung hieher zurück, da die wesentliche Besserung, welche der erstmaligen kurzen Anwendung unsers Hebelpessarium folgte, bei der Patientin gegründete Hoffnung auf Radicalheilung erweckte. Als ich nach zweimonatlicher Pause untersuchte, fand ich den Uterus zwar etwas weniger nach hinten flectirt als bei der ersten Untersuchung, jedoch noch immer hochgradig genug, um alle die Symptome hervorzurufen, welche Patientin noch stark genug belästigten. Die Einführung der Sonde war nur mit mässigen Schmerzen verbunden, das unmittelbar darauffolgende Hinaufschieben unseres Hebelpessarium jedoch völlig schmerzfrei. Die orthopädische Behandlung wurde nun 9 Wochen lang fortgesetzt. Die Obstipation hob sich im Verlaufe der Kur vollständig, ebenso die Uteruskoliken und Kreuzschmerzen. Die Kranke kräftigte sich zusehends und ergab sich nunmehr nach einer probeweisen Entfernung des Instrumentes die Lage des Uterus als eine völlig n o r m a l e (Länge des Uterus 7,6 Ctm). Patientin kehrte als g e h e i l t nach Hause zurück und zufolge einer mir im Februar 1872 zugekommenen brieflichen Mittheilung wurde sie wenige Monate nach Beendung der Kur s c h w a n g e r (also nach einer Pause von nahezu 11 Jahren). G e b u r t und P u e r-p e r i u m waren n o r m a l, auch befindet sich die Frau vollkommen gesund und sind alle lästigen Erscheinungen verschwunden.

In den oben beschriebenen 16 Fällen wendete ich, wie aus der Darstellung ersichtlich, ausschliesslich mein intrauterines Hebelpessarium an. Zur leichteren Orientirung über dieselben ist eine Uebersichtstabelle beigegeben.

Ausser diesen 16 Fällen kamen seit dem Jahre 1870 38 weitere Fälle von Versionen und Flexionen in meine Behandlung. Unter diesen waren 17 (13 Versionen und 4 Flexionen) geringeren Grades, so dass die durch dieselben hervorgerufenen Erscheinungen einer medicamentösen örtlichen Behandlung und (in einigen Fällen) unter gleichzeitigem Gebrauche der Ceinture hypogastrique wichen, also für eine mechanische intrauterine Behandlung eine Indication nicht vorlag. In 5 Fällen gaben zum Theil feste Adhäsionen, zum Theil Fibroide, in einem Falle ein Overientumor, ein Hinderniss für die mechanische Behandlung ab. In zwei Fällen musste die begonnene mechanische Behandlung wegen hochgradiger Reizbarkeit des Uterus aufgegeben werden. In den übrigen 14 Fällen prüfte ich Martin's einfachen und federnden Regulator, Beigel's Knickungsinstrument sowie die Hebelpessarien von Hodge und Hewitt und wendete in einigen Fällen, in welchen ich durch den Wochen- und Monate langen Gebrauch dieser Instrumente nicht zum gewünschten Ziele kam, schliesslich mein Instrument mit Erfolg an.

Uterus nahezu normal ge-
lagert. Nach fast neunjähriger
Pause Conception; Schwangerschaft und Geburt normal. Hysterie geschwunden. Menstrualkoliken unbedeutend.

Uterus normal gelagert. Drei
Monate nach vollendeter Cur Conception. Pause conche; wiederholte Conception; scheintodt gebor-
nes, gut ausgebildetes Mädchen.

Uterus normal gelagert und
unbedeutend vergrössert; Uteruskoliken geschwunden. 4 Monate
nach Vollendung der Cur Cäncep-
tion; Schwangerschaft, Geburt und
Puerperium normal.

Uterus normal gelagert.
Nach siebenjähriger Pause
Conception. Schwangerschaft und
Geburt normal. Urinbeschwer-
den gehoben.

Nro.	Alter	Sterilität, Partus.	Diagnose.	Länge des Uteruscavum		Dauer der mechanischen Behandlung	Erfolg.
				bei Uebernahme der Kranken	nach der Cur		
10) J. A.	26 Jahre	steril	Retroflexio uteri. Leichtgradige Metritis und Endometritis, Vaginitis chronica; anhaltende heftige Kreuzschmerzen. Katalepsie.	8,5 Ctm.	6,5 Ctm.	5 Monate	Uterus nahezu normal gelagert. Kreuzschmerzen guring und selten. Conception. Katalepsie trat nicht mehr auf.
11) v. T.	25 Jahre	steril	Kystokele vaginalis, Exsudat in der Excavatio vesico-uterina, Fluor albus; Urinbeschwerden.	7,4 Ctm.	6,5 Ctm.	10 Wochen	Uterus normal gelagert. Urinbeschwerden verschwunden. 3 Monate nach vollendeter Cur trat Conception ein; Schwangerschaft und Geburt normal.
12) K. S.	25 Jahre	Unverheirathet, nie geboren.	Hochgradige Anteversio uteri. Chronische Metritis und Endometritis; Vaginitis. Hysterische Krämpfe.	9,5 Ctm.	7,5 Ctm.	3 Monate	Uterus nahezu normal gelagert. Lach- und Weinkrämpfe verschwunden.
13) Sch.	32 Jahre	Abortus im 4. Monate mit 24 Jahren; seitdem nicht mehr concipirt.	Hochgradige Anteflexio uteri. Chronische Metritis und Endometritis, Ulcus folliculare, allgemeine Hyperästhesie, hochgradige Anämie.	10,0 Ctm.	7,5 Ctm.	8 Wochen	Uterus normal gelagert. Conception war bis vor zwei Monaten, also 1¹/₂ Jahr nach der Cur nicht eingetreten.
14) J. A.	34 Jahre	steril	Retroflexio uteri; chronische Metritis, Vaginitis, heftige Uterinalkoliken; zeitweilig auftretende, heftige Kreuzschmerzen.	8,0 Ctm.	7,5 Ctm.	3 Monate	Uterus normal gelagert; 6 Monate nach Vollendung der Cur untersucht und die Lage des Organs ganz normal befunden; Conception jedoch nicht eingetreten. Kreuzschmerzen treten nur selten und in leichtem Grade auf.
15) W. R.	32 Jahre	Vier Geburten von 24. bis zum 28. Jahre.	Retroflexio uteri. Chronische Metritis und Endometritis; andauernd heftige Kreuzschmerzen, Obstipation, Parese der unteren Extremitäten.	8,5 Ctm.	7,2 Ctm.	6 Monate	Uterus (vor 4 Wochen untersucht) normal gelagert. Kreuzschmerzen ganz unbedeutend und selten auftretend, die Parese der untern Extremitäten ganz geschwunden. Die Frau kann wieder gut gehen.
16) L. v. R.	33 Jahre	Zwei Geburten mit 21 und 22 Jahren.	Retroflexio uteri. Ulcus papillare an der hinteren Muttermundslefze; Metritis und Endometritis; Vaginitis, Menstrualkoliken, hartnäckige Obstipation.	9,5 Ctm.	7,6 Ctm.	Nahezu 12 Wochen	Uterus wesentlich verkleinert, normal gelagert. Nach 11jähriger Pause wenige Wochen nach Beendigung der Cur Conception. Schwangerschaft, Geburt und Puerperium normal. Stuhl leicht angehalten; Uterinalkoliken verschwunden.